最後のウォルター・ローリー

イギリスそのとき

櫻井正一郎

みすず書房

サー・ウォルター・ローリー、没の一年半前

1617年、63歳、ロンドン塔を出てギアナに行くとき。左上に20年前そこで活躍したカディスの地図。左腕の懸章はそのときの栄誉を示すつもりだろう。足をカディスで負傷したので杖をついている。年齢に応じた華美な服装。

Courtesy of the National Gallery of Ireland
Photo © The National Gallery of Ireland

最後のウォルター・ローリー——イギリスそのとき

目次

櫻井行に

まえがき

ローリーの生涯はとに角面白い。それをご存知であろう、映画「エリザベス　ゴールデン・エイジ」を楽しまれた方々は。ローリーの生涯を語った伝記は、英米では四〇冊をこえる。生涯が物語として面白いからである。

なかでも処刑とその前後が面白い。フランスへの脱出を試み、夜半のテムズ河をボートでゆくうちに、ボートでつけてきた政府筋に逮捕される、活劇まがいの一幕があった。処刑のときの言動の一部始終が、記録されていたので、まるで今日の我々が、三九〇年前の処刑の現場に立ち会っているかのような、感興がえられる。

サー・ウォルター・ローリー（Sir Walter Ralegh）は、断首された。一六一八年一〇月二九日、処刑は公開された。場所はウェストミンスターのパレス・ヤード、今は国会議事堂を東に見て、車が往き来する大通りになっている。ウェストミンスターは当時も政治の中心だった。そこでは国事犯が処刑された。朝の八時、一一月が近い季節はすでに寒く、処刑台の側には焚き火が用意されていた。造られた柵の中には処刑を見に来た群衆、処刑台の周りには六〇名の衛兵、台に登ってきたローリーは、断首される前に、やれないかもしれないと思っていたスピーチをした。それは四五分間に及んだ。スピーチと振舞が、見ていた人々を感動させた。感動は語り拡められ、ロンドン全体が同じ一つの感情をいだいたかのようであった――ローリーは立派だった、彼を処刑すべきではなかった。

しかしながら、本書の目的は、このように面白い物語を、ただ伝えることだけにはない。処刑とその前後は、ローリーの像が最も虚像になった時機であった。一種の群集心理が造り上げた虚像は、冷静な眼で眺めると、実像との差がきわめて大きかった。本書はローリーの実像を求めている。いいかえれば、虚像であったのを分明にしようとしている。虚像を取り除こうとしたのが、本書の大切な意図と目的である。二〇世紀の多くのローリー研究が、そのような意図と目的を持っていた。いくつもの虚像が実像に改まるときには、行動を追うときとは次元がちがう面白さがある。

ローリーはなにかと話題になった宮廷人だったから、一次資料が多く残っている。この現象は、最も話題になった処刑において著しい。そのために、処刑という場が、いくつかの事例研究（ケース・スタディ）の、格好な場になっている。国王ジェイムズの神性、ジェイムズ朝の政治の性格、中央と地方の分化、社会を覆っていたムードとしての宗教の特徴、といった問題の、処刑という場での事例が、豊富な資料によって、鮮明な姿を帯びている。もともとローリーについての書物は、資料が多いので時代の姿が表われやすいが、処刑をめぐっている本書では、特にそのことがいえる。「イギリスそのとき」という副題が表わす中味が、本書の特色になっているであろう。

本書の中心は、「第三章　断首」にある。「第五章　スタックリー」は、先人たちが書いたローリー伝にあった闕《けつ》を、いささか補いえていよう。「序章　ローリーの生涯」は、特にそれを設けて、生涯全体を概観した。「序章」は独立しているので、気ままにいつ読んでいただいてもよろしく、たとえば「第一章　最後の旅」から、本書をはじめていただくこともできる。

序章　ローリーの生涯

第一節　女王と地方

女王と地方

ローリーはエリザベス女王のもとで近衛隊長にまで出世した。近衛隊長は女王と居住を共にして身辺を警備し、また宮廷の儀式を司り、枢密院のメンバーに次ぐ地位であった。デボンの小地主を父としたローリーがこの地位まで登ってゆけたのは、女王の庇護があったからであった。しかし、それだけがローリーを活躍させたのではなかった。ローリーの家系に連なるデボンの有力者の、援護があった。それらの庇護と援護を素描することから、「ローリーの生涯」をはじめたい。

女王からの恵贈

二六歳のとき（一五八〇）、はじめて宮廷に雇われ、アイルランドで叛乱軍を鎮圧した。アイルランドから帰って（八一年一月）から、遅くとも四ヶ月のうちに女王に会った。「ローリーの生命力、活力、魔力、知力、胸襟を開いてくるときの迫力に、エリザベスは参ってしまった[1]」（レイサム）。六フィートすなわち約一八三センチの長身、髪は黒く、色白だった。レスター伯、ハトン卿に続いた三人目の寵臣になって、出世の梯子を駆け登っていった。

宮殿のぬかるみに来た女王に、マントを脱いでぬかるみを覆い、それがきっかけになって女王に召されたという逸話が、ローリーの逸話のなかで最も良く知られている。生地にあるパブの、看板のなかにまで描かれている。この逸話については、女王は警備されているから、平《ひら》の宮廷人が突然女王に近づけるはずがない、ただしローリーの女王に対する態度からすると、その逸話は生まれてもおかしくはなかった、という見方で落着いている。

梯子を駆け登っていった有様は次のようであった。ただし、女王から授かった恵与のなかには、名目、肩書だけだったのも混じっていた。

テムズ河端の眺めが良い地点（ストランド）に建つ、ダラム・ハウス（図1）に入居が許された（一五八三）。異父兄ハンフリー・ギルバートの北米遠征に参加して、それだけで「サー」の称号を授けられた（一五八五）。輸入されたワインを卸す権利と酒屋の営業を許可する権利を与えられ

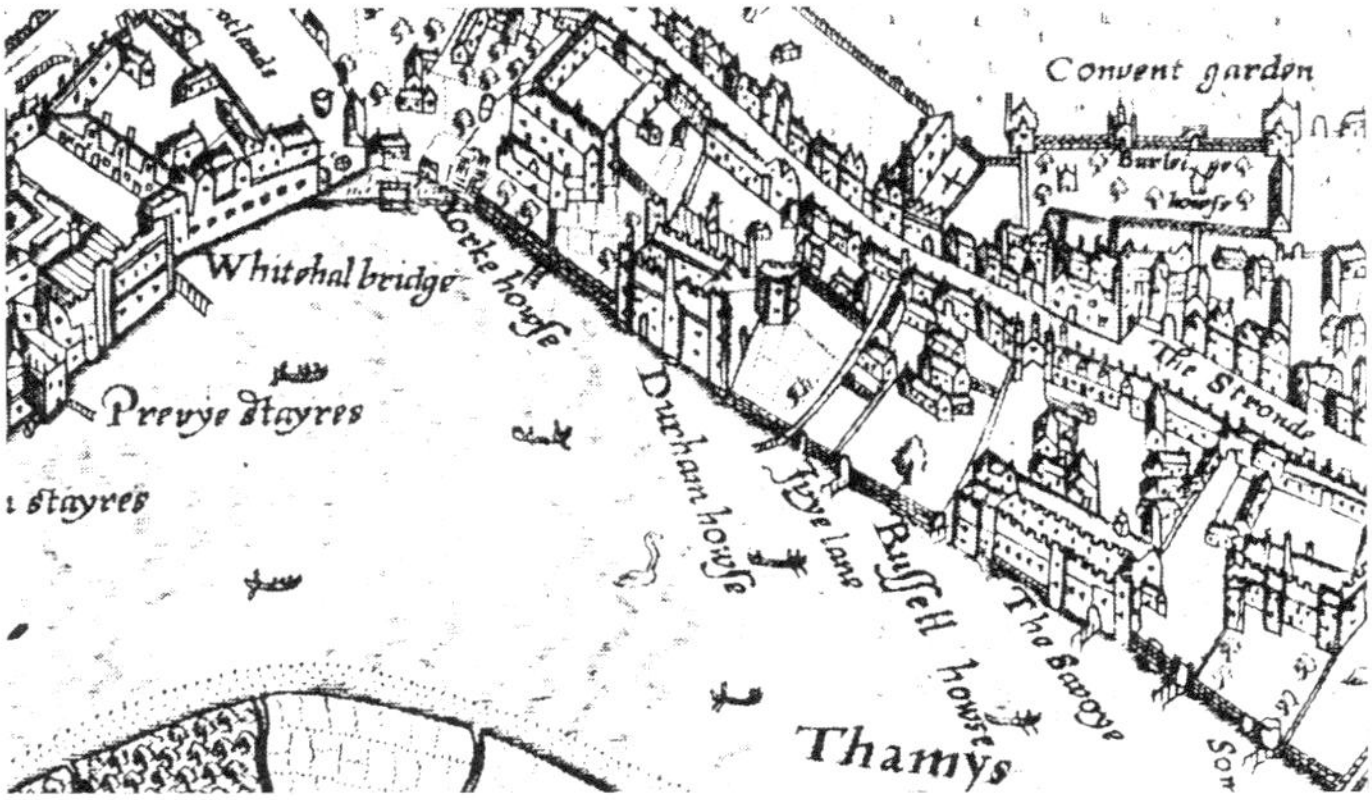

図1 ダラム・ハウス。

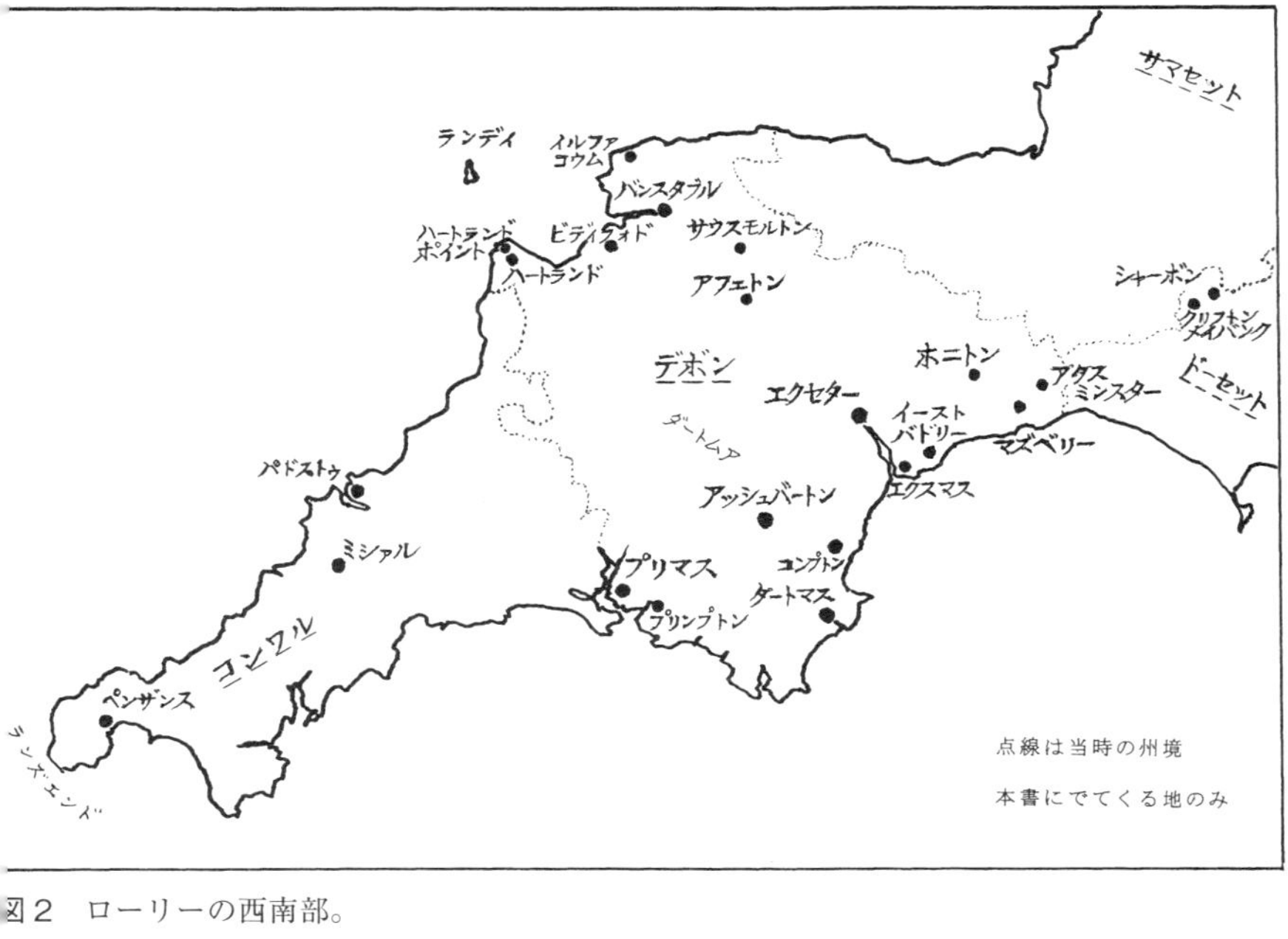

図2　ローリーの西南部。

た（一五八四）。この権利は金蔓だったが、トラブルの源にもなった。ケンブリッジのカレッジに元から出入りしている酒店の代りに、新しい酒店を入れようとして、騒動になったこともあった。(2)また、輸出する厚手の毛布地（ラシャ）の専売権を授けられた（一五八四）。

一五八五年はことに恵贈が多かった。錫鉱山（スタナリー）の管理者に任命された。錫はピューターになって、食器、武器、ナイフを造り、国の内外に需要が多かった。錫鉱山はコンワルとデボン（図2）に跨り、女王が特に直轄した。国からも地方からも独立した三権をもっていた。図3は議会がそこで開かれたとされている、ダートムアのなかの岩山クルッカン・トー（Crockern Tor）である。錫鉱山は人材の供給源でもあった。非常時には民兵を出し、ローリーがギアナに黄金を掘りにいったときにも駆り出された。このポストからどれだけローリーが利得をえたかは実は明らかではない。利得が大きかったワインの専売権の場合とちがって、強欲だという悪い評判は立たなかった。

同年には更に、コンワル州の統監（Lord Lieutenant）と、コンワルとデボン州の海軍副提督に任命された。ただし両職にある人は平常はロンドンにいた。前者は任命されても利得はなかった。前者に任命されるのは貴族で、サーの称号をもつナイトであった。そのような資格をもたないのに前者に任命されたのは、ローリーだけであった。恵与の要素はこの点だけにあった。ローリーの任命はスペイン軍の上陸に備えたものであった。統監は非常時に民兵軍を召集、管轄した。ロ

図３　ダートムア、クルッカン・トーの議会場。

ーリーの任命がデボンではなくコンワルであったのは、人的資源の上でも自然条件の上でも、コンワルでの任務の遂行が難しかったからであった。ちなみに、デボンの統監に任命された（一五八五）、サマセット州バース伯ウィリアム・バウチャは、そのときまだ二五歳の学者肌で、住まいのバンスタプル近くトーストックから外に出ず、任命後もとみに不人気であった。それでも統監に任命されたのは、このポストが実務を荷う副統監に依存していたからであった。統監ローリーが任命した二人の副統監は、サー・フランシス・ゴドルフィンとサー・ウィリアム・モウアン、共に豪腕であるうえ、ゴドルフィンにはサー・リチャード・グレンヴィルという実力者の後ろ盾がいた。ローリー自身も、バウチャが精励しなかったように、この任務に専念したわけではなかった。自身のより大きな関心は、近衛隊長（任命は一五九一だが実質は一五八九から）、北米とアイルランドへの植民、それと私掠の方にあった。コンワル沿岸に小規模のスペイン軍の上陸を許したときに（一五九三）、こんな有様では沿岸の防衛はできない、サマセット州からの援軍が要ると、上陸させてしまった責任を棚に上げた直訴を、枢密院宛に書いて送った。(3)

後者の副提督の主な職務は、略奪行から帰ってきた船の積荷を、分配し課税することだった。今流にいえば、海上保安庁が税関の任務を行なうといったところであろう。副提督は、ただし裏舞台で、大きい利得があるポストだった。そのことは本書の「第一部　最後の旅」で、いずれあからさまになる。

女王の恵与でとどめをさしたのは、近衛隊の隊長だった。女王は身辺にいる隊長を直ぐに呼べた。自身が野趣のある男前で華美な装いを好み、美男揃いで華美な礼服に身を飾った衛兵たちを統率した。華やかではあったが、洞察と見識によって国家を動かすポストではなかった。ローリーはこのポストにこそ相応しかった。

ところで、宮廷の要人にはポストに見合った領地と邸宅が要った。ローリーは出世が早くてそれらが追いつかなかった。そこに僅かな土地を買っていた、生地の隣村の名前を使って、公文書にも「コラトン・ローリー村のサー・ウォルター・ローリー」としか書けなかった。そのローリーが、デボンの隣りドーセット州シャーボンにあった大荘園を女王から授けられた（一五九二、完全には一五九九)。ローリーにはこの荘園が殊更に有難く誇らしかった。領地のなかの古城(図4)の修復は諦めて、古城から目が届く近さにあったロッジを取り壊して新しく館(図5)を建てた。施工と造園は異父兄のエイドリアン・ギルバートがとりしきった。ヨー川の流れを引き入れて大池を造り、南に展がる丘陵地は広大である。瀟洒さではドーセット州一といわれた。ロバート・セシルの病弱な息子をここに引き取ったりした。しかしこの邸と領地をローリーは失う。相続手続にあった遺漏をつかれて国王側に没収される。男色家のジェイムズ一世は、取り上げたこの領地を愛友のロバート・カーに贈り、カーが失脚したあとは、後のバッキンガム公、愛友のヴィリアーズに、最後は、これも愛友のサー・ジョン・ディグビィに贈った。このディグビィが、最後の旅の途中ですぐ近くを通ったローリーに会いにゆく、まるで小説の一場面のような出来事はあとで見る。女王が与えた恩恵はシャーボンの領地で終った。女王の侍女と秘密に結婚したのを、女王は怒った。

近衛隊長とワインとラシャ地の専売権とを除いて、女王の贈物が、ローリーの出身地に関わる役職と土地だったのに留意しなければならない。女王はローリーを地方の人として遇し、ローリーに地方を支配する力を与えたのだった。中央に集まっている権力と地方に残っている権力の拮抗が、エリザベス朝が中に入っている、チューダー、スチュアート両朝の政治と社会を造り上げていたといわれる。女王はこの寵臣を喜ばすために恩恵を与えたのであったが、この恩恵は同時

図４　シャーボンの古城。

図５　シャーボン邸。古城から、庭園を経て、正方形の館を望む。

に、国防上重要な西南部を、国家の意志の下に固めるためでもあったであろう。

西南部の支援

さて、ローリーの活躍は、女王の加護に依った反面、地方の支援に依ったものでもあった。直接には親族累系の力であったが、それらの力が発する領域は、イングランドの西南部全体（図2）といえるほど、広い地域に跨っていた。

ローリーの生地、イースト・バドリーは、エクセターの南東約八マイルにある（図2）。当時もほぼ今のままだった農家へイズ・バートンで、一五五四年に生れた。生家は、図6のようにいつも正面から撮られてきた。生家の裏手にひろがっている丘陵地に、イェティントンの西からフット・パスに入って降りてくると（図8）、平凡な農家であるのが一層よく分る（図7）。丘陵地では今は巨大な豚が飼育されている。

幼・少年時代はここイースト・バドリーで過した。その頃は生家から遠くまでを駆け回ったであろう。その広い地域（図8）をめぐってみると、ローリーを育てた環境がよく分る。東のイースト・バドリー村には、先祖の墓があるオール・ソウルズ教会。信者の座席の側板（ベンチ・エンド）に、一六世紀前半にオークの板に彫られた彫像が、その頃のこの地域と海外との繋がりを示している。図9の右は、そこに座った家が船主だったと、教会の小冊子は説明している。図9の

図６　生家ヘイズ・バートン。

図７　東の農場から見たヘイズ・バートン。

左、ローリー家の側板には、鹿の角を生やした横向きの兜が描かれている。兜をかぶるこの騎士は、当時の治安をローリー家が守ったのを現わすのか、それともローリー家が、騎士がトーナメントと称して外国に遠征して略奪したように、外国で略奪していたのを現わすのか。なお、猟犬が支えるローリー家の紋章と最下部の年代は、サー・ウォルターの名声ゆえに、削りとられて土産にされた。図9以外の側板には、一六一二年にアメリカに渡った家の紋章、魚取引で儲けた家の紋章と魚の姿などが彫られている。当時の漁場は海外が主だった。その頃この地域全体が富んでいたことをも、それらの彫像は示している。

生家の北東には、父の土地があり自分も土地を買った、隣村のコラトン・ローリー（図10）。北西には、中世の城跡があるウッドベリーの森（図11）。図8が示すように、この地域はシダに覆われた四つの広大なコモン（共有地）が大部分を占めている。図12はコラトン・ローリー・コモンを望んでおり、この北は陸軍の練習地になっている。耕作地は僅少なこのような地勢が、農業以外に生業を求めた、父親のライフ・スタイルを招き、また、ローリー自身のライフ・スタイルにまで、及んだのであった。このような生地には一五、六歳までいた。その後は両親について都市エクセターに出た。

父親のウォルター・ローリーは、ジェントリー（郷紳）だった。持っていた土地は前述のように、牧草地が殆どで、そのうえにウッドベリー・コモンとリンプストゥン・コモンに放牧権を買

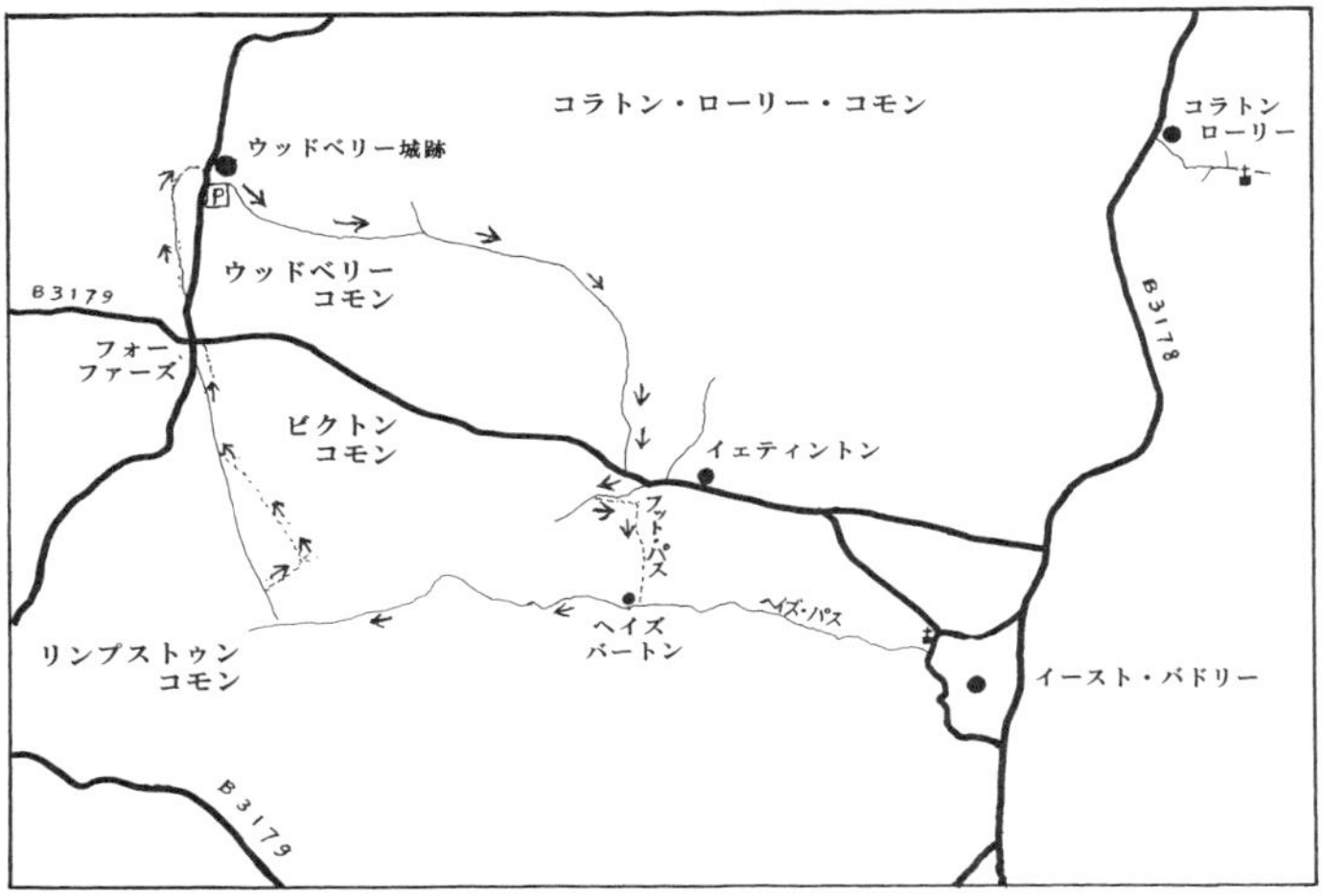

図８　生家の周辺（ウッドベリー城跡から同城跡への遊歩は約３時間）。

図９　イースト・バトリー、オール・セインツ教会のベンチ・エンド。

図10　コラトン・ローリー村と教会。父もローリーもこの村に土地を持っていた。

図11　ウッドベリー城跡の森。中世の城の堀のあとがこのような起伏になって残っている。

図12　コラトン・ローリー・コモンを望む。コモンはこのように耕作ができない。

い、羊を飼っていた。当時のデボンでは牛は飼わなかった。主な収入は、海外に出ての私掠か海賊行為に依った。これについては後でとりあげる。この父親は、陸では治安判事を務め、デボンの海軍副提督の代理人を務めた。これらの二つは、ジェントリーなら誰もがつける身分ではなかった。

この父親の、二人が亡くなって合計三人になった妻が、それぞれに有力な家系に生まれていた。三つの家系のなかの多数の人に、ローリーは助けられる。これは特筆される。助けた人々の名前を、せめて数を少なくして、ここに書き連ねておくことにする。これは繁雑だが、ローリー伝にとっては欠かせない。

父の最初の妻、ジョアンは、ドレイク家に生れた。その家の一人が、あのフランシス・ドレイクだった。ドレイク家は、海外活動によって富をえていた新興の一族だった。拡張した土地が広く、土地の一部を、ドーセット州に近い遠隔地、マズベリーにも求めなければならなかった。

二番目の妻、イザベルは、ロンドンの商人、姓はドレルを父とした。イザベルとの間に生れた、われわれのローリーにとっては異母姉が、エクセター近くで手広く貿易を営んでいたスネドル家に嫁いだ。スネドル家の家系に、かの有名なるロンドンの大商人、ウィリアム・サンダスンがいた。サンダスンは、ローリーの海外活動にたびたび出資した。ロンドン商人の参加がローリーの海外活動の特色となった。

三番目の妻、キャサリンは、エクセターの南コンプトン（図2）に館がある、名門ギルバート家に嫁いで、寡婦になっていた。このキャサリンがローリーの母になる。母は前夫との間に三人の男子があった。すなわち、われわれのローリーにとっての異父兄、サー・ジョン、サー・ハンフリー、およびサー・エイドリアンであった。この三人のなかではサー・ハンフリーが、海外での活動でイギリス史に名を遺した。母の実家はシャンパナウンといい、この家には、エリザベス女王の侍女を死ぬまで勤めたキャサリン・アストレイがいた。シャンパナウン家は、名のようにフランス出であり、ローリーのフランスに向けた活動を助けた。一方、母の母は、カルー家に生れた。ジェイムズの宮廷で重臣だったサー・ジョージ・カルー、ローリーの生涯の友だったサー・アーサー・ゴージズらが、このカルー家の人々であった。

ローリー自身には、兄カルーと妹マーガレットがいた。この兄は弟とちがって宮廷には入らず、地方のジェントリーに甘んじて、ウィルッシャーなどからの議員、治安判事、ドーセット州海軍副提督代理を勤めた。弟より四歳年上で、弟の死後七、八年生きた。弟が宮廷に入っていなければ、兄の生涯のように、平穏でそれなりに稔りが多い、永い生涯を送っていたであろう。

以上が主だった親族たちであった。ローリーを成功させたのは、女王の寵愛だけではなかった。これらの親族は、肥沃な土壌であった。

私掠船による掠奪の雄が、西南部の出身者だった。ローリーが参加した、三つの私掠のための海外遠征でも、主催者つまり胴元になったのは西南部の出身者、しかもローリーに近い人たちであった。三つの遠征については本書三七頁以下が詳しい。そのうち二つの遠征を主催したのがハンフリー・ギルバートだった。もう一つの遠征を主催したサー・リチャード・グレンヴィルは、ローリーの従兄《いとこ》にあたった。従兄といっても血の繋がりはなかった。義兄ジョン・ドレイクの、妻の弟がサー・リチャードであった。血の繋がりはなくとも、広い家系の中で従兄の代に当れば従兄と呼ばれた。そのような従兄は「ジェントリーの従兄」と呼ばれている。ローリーが計画し参加者を集めた、一回目の北米ヴァージニア植民（一五八五）で、一行を連れていったのがサー・リチャードだった。参加者にサー・リチャードの異母弟ジョン・アランデル、義兄のジョン・スタックリーが入っていた。

海外遠征に出資し、また参加したのは同郷人だった。彼等は生命と資金を掛けて一蓮托生となった。出資と分配のときも同郷人ならトラブルが少なかった。西南部の人たちの結束は、海外遠征を可能にし、またそれによって強められた。

海外遠征で名を残した西南部の人たち、ドレイク一族、フロビシャー、ギルバートらと、ローリーはエクセターの酒場で会っていたといわれている。その酒場は「シップ・イン」で、ハイストリートからエクセター寺院に入る小路にあって、今も営業している（図13）。その小路から寺院の開けた空間に出ると、英国最初のコーヒーハウス「モルのコーヒーハウス」が、眼が醒めるよ

図13　エクセターの「シップ・イン」。看板の裏にある二階の出窓は当時のまま。ローリーたちは二階にいたといわれている。

図14　「モルのコーヒーハウス」。

うな姿を保っている（図14）。この建立は一五九六年だったが、ここにもローリーが友人たちと出入していたといわれている。

父親がローリーを連れてやってきた頃、エクセターは都市だった。一〇〇〇エーカーに満たない城壁の中に八〇〇〇人が住んでいた。この都市にやってきた父親は、やってくる前から「自由市民」の資格を買っていた（一五五五）。ここでの商業活動はこの資格がある者だけに許された。エクセターの商人たちは主にフランスとの貿易に熱心で、海外遠征への出資を好まなかった。これまで海外に出ていたこの父親が、五年前から用意をしたうえでこの都会に出ていったのには、それなりの目的があったのであろう。父親の生活が海賊と貿易によっていたとしても、それらはそのままローリーの生き方のお手本であった。

これから本書の本体の部分に入ってゆくと、西南部の人々が、生涯の殆どすべての局面で、ローリーを助けた有様が知られてくる。例えば、トマス・アランデル公が、ローリーが演説をしている断首台に登っていってローリーを支持した。アランデル一族は、遠く一三世紀から、コンウォルの地に広く深く根を下していた。

第二節　スペイン嫌い

スペイン嫌いの生涯

ローリーのスペイン嫌いは生涯の大きなポイントだった。ローリーの重要な活動、事件は、反スペインというローリーの基盤に立脚していた。スペイン嫌いによる活動を辿ってゆくと、ローリーの殆ど全生涯を描くことができる。

処刑された根本因からして、それもスペイン嫌いにあった。ジェイムズ（図15）の時代になってから、対スペイン政策が一変した。即位（一六〇三）の翌年に、休戦協定が結ばれ、皇太子チャールズの妻にスペイン王女を迎えたいと、ジェイムズの方から申し出た。スペインはこれまで甚大な損害をもたらせたローリーに怒っていた。そこにローリーの失敗が起きた。ギアナに金鉱を探しにいって、約束を違えてスペイン側と衝突してしまった。スペインはローリーを死刑にせ

図15　ジェイムズＩ世。
胴衣の下に防弾チョッキを着ている。

と要求し、ジェイムズの方もそれ以外の選択はなかった。処刑は、両国の問題としては、当然の結着であった。

カトリック軍と戦う

ローリーは代々続くプロテスタントの家系に生まれた。一四歳（一五六八）でフランスに渡り、ユグノー派（プロテスタント）の傭兵になった。母方の甥ヘンリー・シャンパナウンと一緒の、気軽な出稼ぎだった。その頃ユグノー戦争は、過激さを増した第二期にあり、やがて、聖バーソロミューの日の、ユグノー側への大虐殺に至る。ローリー少年はカトリックを、残酷な武力として経験したであろう。

二六歳（一五八〇）になって、政府が雇った隊長としてアイルランドに渡り、スマリック（図16）に上陸してきた法王軍を虐殺した。ローリーは虐殺を指揮してはいなかったが、政府筋から出た情報ではローリーが指揮したとされ、ローリーはスペインを挫いた隊長として称えられた。

植民と反スペイン

アイルランドから戻って（一五八一）から、後にヴァージニア（図16）と呼ばれる植民地を設けようとする（一五八五）。イギリスは北米ではスペインに負けたくなかった。東西インド諸島と南

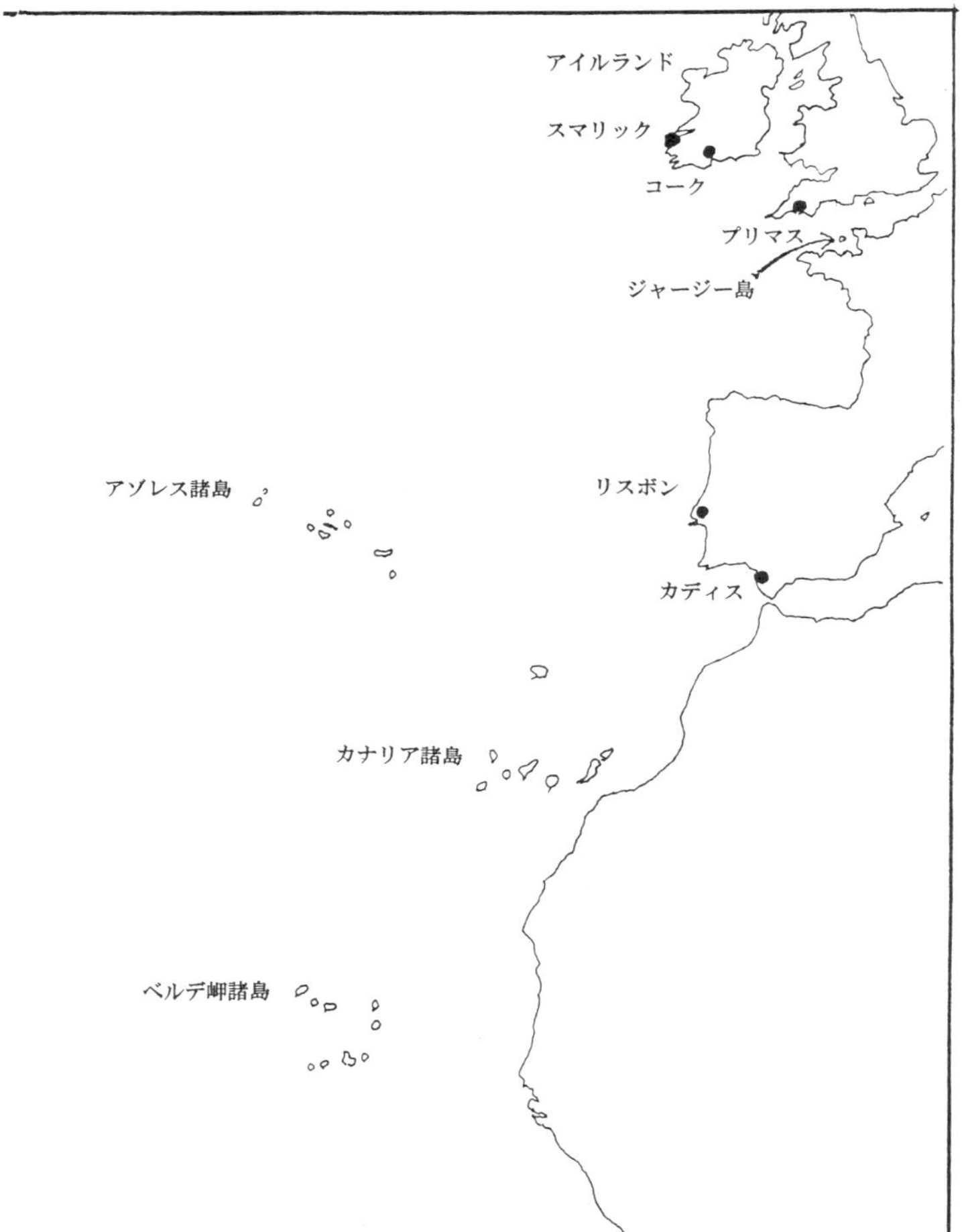
アイルランド
スマリック
コーク
プリマス
ジャージー島
アゾレス諸島
リスボン
カディス
カナリア諸島
ベルデ岬諸島

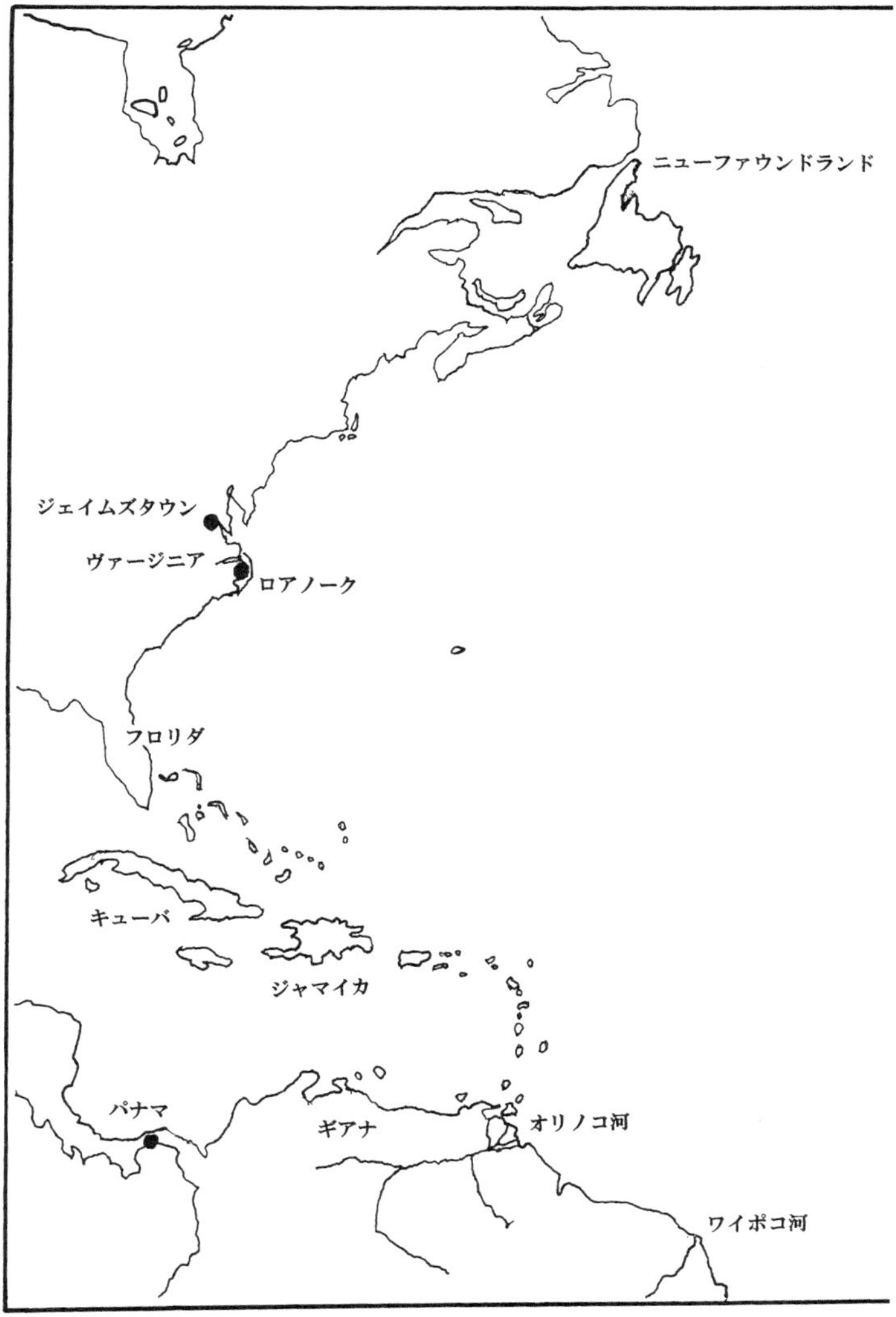

図16　大西洋とローリーの植民地。

米では負けていた。僅かに遅れて(一五八七)、今度はアイルランドでの「マンスター植民」(図17)に参加した。アイルランドに設けた植民ことに初期のものは、イギリス本土を守るのを第一の目的とした。そこにスペイン、フランスの軍隊が入って、そこから本土を侵略するのを防ごうとした。ローリーが参加した「マンスター植民」に至ると、企業活動という性格が強まったとはいえ、国家の立場からは、アイルランドへのすべての植民が、本土防衛の要素を含んでいた。

マンスターにまだ領地をもっていた頃、黄金を求めてギアナ(図16)、今のヴェネズエラに出かけた(一五九五)。黄金は見つからなかったが、一年後に旅行記『ギアナの発見』を書いて、彼の地をスペインにとらせてはいけない、政府は軍を送って彼の地を専有すべきだ、と煽動した。スペインに負けるなという主張は、ハクルートの主張でもあった。二人は共に大英帝国の樹立を目指した。二〇年後(一六一七—一八)に、ギアナを再訪した。これによってロンドン塔を出られた。いわゆる「本・副陰謀事件」に加わったとされて、一三年間をロンドン塔で暮らしたのちの、再訪だった。しかし、黄金は見つからず、現地でスペインと衝突して死者を出し、スペインが要求して断首された。断首の顚末が本書のテーマである。

なお、ローリーが行なった植民については、その項目を立てて再び記述することにする。

私掠活動

私掠とは、個人がやるという名目で国家がやらせる海賊行為であった。ローリーは私掠活動に積極的であった。

父親の活動から始めたい。活動といっても父親のそれは、許可状がない「純粋の海賊行為（pure piracy）」といわれていた。この父が二人の息子に行かせた二つの「行為」が記録されている。(4) 父と最初の妻との間に生まれた二人の息子、まずそのうちの次男ジョンが二一歳のとき（一五四九）、スペイン船を捕えて、獲ってきたワインを母港のエクスマス港（図2）で主婦たちに量り売りした。今度は長男のジョージが、アイルランドから皮革と布地を運んで帰るポルトガル船を捕えて、母港エクスマスに帰る途中で自国の船に見つかり、賄賂を贈って黙らせた（一五五七）。当の父親は、いくつもの海賊行為を高等裁判所で裁かれるところだったが、当時デボンの海軍副提督代理になっていたので、難を免れたといわれている。

ローリー自身の私掠の初体験は、アイルランドに渡る二年前（一五七八）であった。ハンフリー・ギルバートの遠征に加わった。プリマスのウィリアム・ホーキングの持船「ファルコン号」の船長になって、もう一艘の友船とともに、一行のなかでは最も遠方のヴェルデ岬諸島（図16）まで行ったが、略奪の仔細は不明である。

アイルランドから帰って二年後（一五八三）に、やはりギルバートの、北米はニューファウンドランドに向けた遠征に加わった。すでに財力があったので、このために二、〇〇〇ポンドを投じて二〇〇トンの「帆船ローリー号」を新造した。この遠征の目的は二つあった。一つは、その地にカトリック教徒を送り込む植民地を設けるためであった。英国では安住できないカトリック教徒を送り込もうとした。カトリック国スペインはこれを島流しとみて反対した。もう一つの、より大きい目的が私掠であった。当時は航海に要する費用を私掠をして当てた。乗船員の方は、一定の割合で分け前をもらえる私掠だけが目当てであり、主催者側は乗船員の目当てを満足させなければならなかった。ギルバートはこの航海で帰途に遭難死した。自分の小船を守り続けて、船の燈りが嵐の海に消えた有様が語られた。ローリーはこの遠征に参加したのでサーの称号を与えられた。

ギルバートの死後、ギルバートがえていた北米への植民勅許状をローリーが受け継いだ。しかしローリーは直ぐには植民に向わなかった。その勅許状からの最初の収穫は、スペイン船から奪った六〇〇トンもの魚であった（一五八五）。魚の塩漬と干物がヨーロッパによく売れた。ついでながら、一五八〇年代の後半からのニューファウンドランドへは、植民地としてでなく、また私掠の場としてでもなく、漁場として、ダートマス港とプリマス港を出た漁船が向った。私掠と植民への活動を鈍らさせたのが、漁業であった。

ギルバートの死から八年後（一五九二）に、今度はもう一人の私掠活動の雄、前出のサー・リチャード・グレンヴィルが戦死した。ローリーは副官として参加するはずだったが、寵臣のローリーの身を案じて女王が許さなかった。その代りローリーは、ハクルートのやり方に習って参加した人たちから話を聞き取って、『リヴェンジ号の最後の戦闘』を書いた。『戦闘』は広く読まれ、国民の団結心、愛国心を高揚した。当時の人々の愛国心は、グレンヴィルのときのように、自国が敗れたときに逆に強められた。他の英国船が撤退したなか、一艘だけ逃げなかったグレンヴィルの船は、勇敢に応戦した末、ついに降伏して、グレンヴィルはスペイン船に移された。そこで瀕死のとき、ワインを与えられると、飲むのを拒否して口の中でワイングラスを噛み砕き、破片を飲みこみ、口唇から血がしたたり落ちた。この英雄の物語は、強かったスペインを激しく罵倒してこそ成立した。

このときから約一〇年後（一五九二）に、イギリスの、またローリーの私掠が、最大の成果をあげた。スペインの貨物船団は、イギリスが予想したパナマ海峡を通らなかったが、西インド諸島からスペインに向った別のスペインの貨物船団が、アゾレズ諸島沖（図16）で捕獲された。捕獲された船団のなかに、スペインがポルトガルから徴用していた貨物船「神の母号」、一、六〇〇トン、乗船員七〇〇名の、巨船があった。これの積荷は香料、宝石、薬物など、対価は一四万一千ポンド、現在の邦貨に換算を試みると三億円以上であろう。ローリーはこのとき総指揮官として出航したが、秘密結婚を知った女王に、洋上から呼び戻された。ローリーは呼び戻されたが、船団を集め、自船を出し、多額を出資した。しかし、呼び戻されたあとロンドン塔に収容された。ところが、「神の母号」の積荷のうちローリーの獲り分が女王に廻ったことがあって、それが事実上の保釈金になって、ロンドン塔から出られた。なお、以下はローリー伝のなかで有名な場面である。「神の母号」がダートマス港に入ったあと、積荷が当局によって処分されないうちに、略奪がおこった。このままでは女王の獲り分が少なくなる。ロンドン塔にいたローリーが派遣されて、地元のこの港に着くと、略奪していた海の男たちは、ロンドン塔から出てきた親分ローリーに喝采をおくり、略奪はやまった。

私掠活動においてローリーは、ドレイク、ホーキンズ、ギルバート、グレンヴィルのように、主役を演ずることはなかった。それは指揮官とその頃のローリーとの、年齢と身分の差によった。ただし、「神の母号」を捕えたときローリーは主役になっていた。すでに近衛隊長であった。洋上から女王に呼び戻される前に、この主役は作戦を立てて船団を二分し、一方をスペイン沿岸に置いてスペインの注意を引き寄せ、他方をアゾレズ諸島沖に置いてスペインの警戒の死角に入れた。この作戦が功を奏したのであった。私掠活動は、一六九〇年代の後半にはすでに退潮期に入る。もし活動が旺盛に続いていれば、かつて主役だった人たちが退場したなかで、ローリーが主役になって、その能力を一層発揮していたであろう。ローリーの指揮能力は、後のスペイン領カディスへの攻撃でも発揮され、アゾレズ諸島への遠征でもやはり発揮された。

二つの大遠征

スペインへの大規模な攻撃にエリザベスは慎重だったが、一五九六年と九七年に二つのそれを敢行した。大艦隊アルマダは敗走した（一五八八）けれども、第二のアルマダの襲来が怖れられていた。イギリスの商船がスペインの港に拘留させられたのも起因になった。枢密院で激論のすえ、スペイン本土への襲撃が決まった。大西洋に面している港町カディス（図16）は、新大陸からの貨物船が帰着して富裕な商人が住み、港は軍艦の基地であった。八七年にドレイクが襲撃してから九年がたって、富が再び蓄積しているだろうとみられた。当時ローリーは、秘密結婚を罰せられてまだ謹慎の身であった。そのローリーが呼ばれたのは、失敗できない国家の挙に、ローリーの海戦能力が必要だったからだった。はたしてローリーは、湾内にいた軍艦を撃沈して、味方の上陸に道を開いた。イギリス側は上陸して町を略奪、要人を人質にして身代金を獲り、最後は町を焼いた。この遠征は、国家が音頭をとったとはいえ、株主の出資に基づき、臨時の企業体が行なう営利事業だったのに変わりはなかった。港にいたスペインの商船は、イギリスに獲られない内に、スペインが船を焼いて沈没させた。陸では、要人たちは多くが逃走していた。出資者たちがえた配当は少なく、事業としてのこの遠征は失敗であった。反面、イギリスは国威を高揚し、海戦の模様を書いた多くの地図が配られ、ローリーも書いた戦記が出版された。一方で、スペインには大きな屈辱をあたえた。

なお、ローリーのこのときの活躍は、後々まで称えられた。口絵に用いた肖像は一六一七年のローリーを描いているが、左上に、約二〇年前にそこで活躍したカディスの地図が描かれている。片足を負傷したのもカディスでだった。口絵の右手は杖をもっている。杖は描かれなければならなかった。ただし表情には、ロンドン塔での一三年にわたった読書と執筆の学究生活があらわれており、画家の作為による武人の勇猛は認められない。

カディス行の翌年のアゾレズ諸島への大遠征にも、ローリーは求められた。総指揮官はエセックス、副指揮官がローリー。イギリス側はスペインの大貨物船団を見逃し、成果は皆無であった。大船団を組んで出ていったイギリス側には、この大遠征は大損失となり、エセックスが責任を問われて没落の発端となった。ローリーがフェイアール島にエセックスに無断で上陸したのをエセックスが怒ったが、宮廷はローリーを庇った。

二つの大遠征はローリーにとっては復活への契機になった。大軍人としての指揮能力が発揮された。時代は反スペインへと一層傾いてきた。ローリーは近衛隊長に復帰した（一五九七）。

ジャージー島の防衛

復帰してから枢密院のメンバーに加わるのを望んだが、ローリーはその器ではないと女王筋は無視した。その代わり買われたのは、スペインの襲来を防ぐ能力だった。

一六〇〇年、ジャージー島の統治者に任命された。これがエリザベスが最後に与えたポストだった。ジャージー島はフランスから指呼の間に位置するかに見える（図16）。スペインはフランスと組んでジャージー島を獲る、そこを足場にしてイギリス本土を攻める、という情報がイギリス政府に入った。空席になった島の統治者に、戦術に長けたスペイン嫌いのローリーが任命された。ローリーは任務に本気になった。島の修復に私財をつぎ込んだ。任命の翌年、アイルランドの土地を売り急いで一、五〇〇ポンドをえた。その金の使途は、まだ望んでいた枢密院のメンバーになるための工作費であったのか、それともこの島の防備のためだったのか。ローリーの最後の任命とそこでの働きぶりは味わい深い。ローリーは大のスペイン嫌いだった。

ローリーがエリザベス朝の表舞台にいられたのは、スペインと強く対立していた時代の潮流によった。ただ、エリザベス朝人であれば誰でも、反スペインの活動で生涯を描けるという訳ではない。エリザベス朝での活動が、反スペイン主義でとに角くくれるのが、ローリーの特徴であった。

このようなローリーが、親スペインのジェイムズ朝まで生き延びたところに、処刑された根本因があったのは、すでに述べた。

第三節　植民活動

ヴァージニアへの植民

広い意味で植民が関わった活動は、三つの地方に向った。まず北米の、後に処女王エリザベスにちなんでヴァージニアと名づけられた地方に向った(図16)。ローリーは女王が彼の外出を好まず、企画者、指揮者として国内に留まった。この植民は前出のハンフリー・ギルバートが、ニューファウンドランドに設けようとした植民計画に触発された。ギルバートは入植地を探検したとき私掠を行ったが、同じことが、二次にわたった今度のヴァージニア植民でも行われた。

六〇〇名の入植者がグレンヴィルに率いられて、今のノース・カロライナ州の海岸にあるロアノーク島に渡った(一五八五)。グレンヴィルは管理をラルフ・レインに任せて、自身は直ちに大西洋を南下して私掠を行ない、島には戻らなかった。すなわちグレンヴィルにとって、島は私掠の拠点であった。入植者たちは食糧が不足し、一年に満たないうちに、カリブ海での私掠から帰国途中の、フランシス・ドレイクの船に便乗して帰国した。グレンヴィルの方は、補給に出発してはいたが、途中で私掠を行なって、捕獲品を本国に持ち帰ってあと、やっとロアノークに到着したものの、入植者はすでに帰国していた。グレンヴィルは島に一五名の部下を置いて去った。私掠に必要だったので、一五名しか置かなかった。この一五名は行方不明になった。

第二次の入植（一五八八）には、出資者が集まらず、入植者が出資して、代わりに一人五〇〇エーカーの土地をえた。一五〇名の入植者には、妻と子供がいる家族もちが含まれていた。すなわち、農耕型、永住型の入植のつもりであった。ところが、またも食糧が尽き、管理者の村長ジョン・ホワイトが、補給を求めてロンドンに戻った。その頃本国では、アルマダの襲来に備えて船舶の外出は禁じられていた。禁じられてはいたが、ダートマス港からニューファウンドランド（図16）の漁場に向けて、漁船があい変らず出港していた。ローリーはやっと二艘を工面したが、二艘は途中で私掠に走り、一艘だけがヴァージニアに到着したのは、救助を求められてからおよそ二年後の一五九〇年であった。そのとき残っていたはずの一一七名の姿はなかった。

第二次の入植は、このように悲惨な結末を迎えた。ローリーが入植者を事実上見棄てたことについては、批難がある一方で、ローリーだけが批難されるべきではない、仕方がなかった、という弁護もある。イギリスの植民史のうえでは、略奪から植民への転換を、実現させなかったが、用意した。また、ローリーの意向を受けたジョン・ホワイトの施政方針が、その後のイギリスの植民統治のお手本になった。すなわち、統治者は入植者の私生活に干渉しない、宗教は自由に任せる、税金は平等にかける。

ローリー以降の北米への入植活動をみると、西南部プリマスの人々に、長期の投資ができるロンドン商人が、出資者として加わって、「王立ヴァージニア会社」が設立され（一六〇六）、激しい苦難ののちに、国王の名にちなんだジェイムズタウン（図16）への入植が、初めて、持続した活動になった。

ローリーは北米植民への、貫徹しない、先駆者であった。

マンスターへの植民

ヴァージニアへの植民が早くから十分に研究されたのに対して、マンスターへの植民の実体が明らかになったのは一九八〇年代であった。イギリスの植民活動はマンスターで、ヴァージニアよりも早く、組織化され実績をあげていたのが分かった。

マンスター地方はアイルランドの西南部にあり（図17）、気候温暖、土壌豊かで、森林が厚い。この地方にイギリスに反逆するデズモンド族の領地があった。「第二次デズモンドの乱」（一五七九―八三）が、デズモンド伯が殺害されて終り、広大な領地がイギリス政府に没収されて、「マンスター植民」が始められた。新しい地主すなわち植民地の管理者は、「請負人」と呼ばれ、入植を政府が求める条件に従うように、請負った人であった。「請負人」は政府に納付金を支払い、一人に通常一二、〇〇〇エーカーの領地が与えられた。ローリーには三倍半の四二、〇〇〇エーカーが与えられた。しかも、ローリーの領地は肥沃なマンスター地方のなかでも極上地、コークからウォタフォードに跨った地域であった。これはローリーが割り当てられた頃、宮廷内で力をもっていたからであった。当時は近衛隊長になる直前であった。割り当てられた土地のほかに、没収されなかった教会の領地を買っていった。買っていった領地の中にリズモアの美城と、ヨールにあったデズモンド伯の邸宅が含まれていた。主たる事業として、オークの森林を伐採して製材し、オークの板を作った。この板は酒樽用、船の側板用、時には断首台の板用に需要が多く、イギリス本土、カナリア諸島（図16）などに輸出された。この製材事業は常時二〇〇人の雇用を生み出した。

ローリーの木材輸出が止められたことがあった。カナリア諸島への輸出はワインの樽用の筈であったが、スペイン領であったそこからスペイン本国に廻されてイギリスを襲う船に使われている、いや、スペイン本国に直接輸出している、と指弾された。片方で、森林の乱伐が咎められたからでもあった。盛んだった土地をめぐる訴訟で、現地人が「請負人」を訴えたとき、ローリーは私利のためには、仲間の「請負人」の肩を持たずに現地人の肩をもった。

図17　アイルランドのマンスター地方。当時の州境による。

こうして助けてやった現地人から、森林がある土地を借りて、伐採する木材を増やしていった。この植民でイギリス政府は法と道義を守り、ローリーの利益至上主義は、政府のやり方に反していた。

北で始まったいわゆる「九年戦争」が、マンスター地方にも波及してきた（一五九八）。初期のアイルランド植民の目的は、反乱を防ぐためであったが、この植民の「請負人」たちは、戦わずに領土を棄てて本国に帰った。ここでの反乱はすぐ鎮圧され（一五九九）、「請負人」たちは徐々に復帰した。しかしローリーは入植地を見切った。乱が波及する前に、全領地を人に貸し終えていた（一五九四）。乱が終ると、貸したままの全領地を安値（一、五〇〇ポンド）でリチャード・ボイルに売った。ローリー自身の経営は七年間、土地の保有は一六年間の、ここでも早すぎる撤退であった。

ローリーの領地を引き継いだボイルは、現地人を追い出さずに入植の組織の中に入れて、領地を拡張しつづけ、ロンドンと強いつながりを持って、やがてコーク伯になり、マンスター地方の植民地化を進めた。ローリーが撤退しなければ、ボイルがしたようにしただろうと見られている。

ギアナへの植民

ギアナへの植民は、一回目の遠征（一五九五）だけが、小規模な植民を誘発した。一回目も二回目（一六一七―一八）も、ローリーの直接の目的は、金鉱の発見という、一種の略奪であった。一回目は、帝国の建設という、スローガン（『ギアナの発見』）を伴った。

一回目の遠征を、歴史学者だったハーロゥは、およそ次のように説明している――植民は時間がかかる商売であって、すぐに利益をだせるものではない。また人々を興奮させるものでもない。インカの豪華で光輝く家並みでできている黄金都市を、もし実際に見せられれば、イギリス政府も国民も、自分と同じようにギアナに引き寄せられるだろう。そうすれば、自分の一生の目標だった英帝国がそこにできるだろう。ローリーはそう目論んだのだ――。『ギアナの発見』はプロパギャンダ（宣伝）、一種の挑発であった。

ローリーが動かしたかったイギリスの宮廷は、黄金都市マノアのことをお伽話と聞いた。早く兵を送って植民地にせよという提案を、「途方もないこと」として聞きいれなかった。小数のスペイン軍が本土の西南端ペンザンズに一時上陸して、第二のアルマダの襲来が現実味を帯びていた。アイルランドでは反体制派のタイロンが台頭していた。不確かな目的のために、遥かなる南米に、人と艦艇を送ることはできなかった。

『ギアナの発見』に直ぐに反応したのは、オランダとフランスであった。オランダは、国家がオリノコ河（図16）周辺で通商活動をはじめさせた。フランスも勅許状を出して、その近辺で通商活動をはじめさせた。

国家のレベルでは動かなかったイギリスも、個人のレベルでは、ジェイムズ朝になってから、入植活動を行なった。いずれもローリーが関わった。ローリーはその頃ロンドン塔にいたが、経済活動は許されていた。入植地はオリノコ・デルタよりも東のワイポコ河口（図16）に二個所、それより南のアマゾン河周辺に一個所、それぞれ三〇人程度が入植し、亜麻、木綿などを栽培したが、二年から一〇年で撤退した。このように、一回目の遠征を意義づけた『ギアナの発見』は、イギリスでは国家に無視されただけでなく、見るべき民間の入植を誘発させなかった。『発見』は、統治のしかたを書かなかったが、その直後に出された『ギアナへの航海について』が、その欠落を補った。筆者はローリーの部下のトマス・ハリオットとロレンス・キーミス、ローリーが眼を通したとみられている。イギリスは援助はするが、現地人が動いて、スペインの侵攻には自衛する、ペルーに進攻して現地人による統治を回復する、現地を文明化する、武装を近代化する、というものであった。現地人に任するという方式は、大英帝国の成因の一つとなってゆく。すでにこの時期にこの文書が登場していた。ただし、イギリスは戦わずにスペインを追い出そう、スペインをそこに釘付けにしておけばイギリス本土への襲来を妨げられる、という実利的な生因があった。

二回目の遠征は金鉱の発見だけが目的であった。この探検は仔細が記録されていたので、冒険談として今も興味を募らされるが、イギリスの植民史のなかにはなにものも残さなかった。それは金鉱が見つからなかったという偶然によった。

第四節　秘密結婚その他

秘密結婚

女王はローリーの秘密結婚に怒った。それを機に、宮廷への出入りを禁じられた。

女王付の侍女、エリザベス・スロックモートンと秘密に結婚して、女王に知られた（一五九二）。女王は寵臣が結婚すると激怒した。レスター伯が、初代エセックス伯の未亡人と結婚したとき（一五七九）も、エセックス伯が、フィリップ・シドニーの未亡人と結婚したとき（一五九〇）も、激怒した。しかしローリーだけが、ロンドン塔に入れられた。秘密にしていたのを反省しなかったからだとみられる。この事件は多くのローリー伝が下世話としてとりあげた。侍女はみんなお嬢さん、その侍女を誘惑した、いや凌辱したとみて、当時読まれていた戯れ歌を、伝に収録し続けてきた。しかし近年では、妻になったエリザベス（愛称ベス）の方から、ローリーを選んだという見方が生まれている。[5] 没落しかかった名家スロックモートンのベスは、家と自分の名誉のために、宮廷人としての将来が見込めるローリーを選んだのだという。そういわれれば、ベスは出産してすぐ新生児をつれて、公然として宮廷に戻ってきていた。出産によって噂だった事柄が確定してしまった。

ついでながら、ベスの肖像は、筆者が知る限りでは、三つの時期、すなわち侍女の頃（一枚）、結婚後（三枚）、寡婦の頃（二枚）にわたって、合計六枚あるが、本書は最もリアルに人間性が描かれていると思われる、結婚後の二枚のうちの一つを掲げた（図18）。苦労が多かったのでこういう顔になったといわれたこともあったが、生来の強さが、そのまま描かれているとみえる。

秘密結婚は女王を怒らせたけれども、ローリー自身が中篇詩『シンシア』のなかで訴えたように、昇進がそれによって停止したとみるべきではない。停止したのはローリーの資質によるものであった。秘密結婚がなくても、近衛隊長以上のポストをローリーがえたとは考えにくい。

議会活動

エリザベスの治世の間に、議会が一六回開かれた。一五八四年からは六回開かれ、ローリーはそのうちの五回の議会（ザ・コモンズ）で議員であった。八九年の議会にだけ選ばれなかったのは、前年にアイルランドに行っていたので選出資格を欠いたからであった。最初の二回（一五八四、八六）はデボンから選ばれ、九三年はコンワルの独立区（バラ）ミシァル（図2）から、九七年がドーセットから、一六〇一年がコンワルからであり、同一人が三つの州から選ばれたのは、ローリー唯一人であった。

図 18　ローリー夫人ベス（1603）。

選ばれた議員は、大地主でありサーの称号を持っていた。ローリーが八四年に初めて選出されたとき、コンワルから選ばれたのはサー・リチャード・グレンヴィルとサー・ウィリアム・モウアン、デボンからのローリーの相棒はサー・ウィリアム・コートニィで、いずれも大地主であった。ローリーだけがサーでもなく大地主でもなかった。その議会のクリスマス休暇中に、唐突な感じでローリーはサーになった。同年、デボンの地方長官（シュリフ）に、新人ハンフリー・スペコットが任命されており、この年のローリーの選出には、宮廷筋からなんらかの働きかけが、地方の有力者に対してあったのではないかとみられている(6)。

議員を選んだのは地方の大地主、すなわち貴族とその周辺であり、国王と宮廷は普通はそれを行なわなかった。ローリーは秘密結婚で女王の怒りをかってからも、議員には二度選ばれた。エリザベスの治世で、西南部からの選出に影響力をもったのは、二代目ベドフォード伯ジョン・ラッセルとその周辺であった。そのベドフォード伯が没してから（一五八五）、影響力を受け継いだのは、セシル親子であり、一部をローリーが受け継いだとみられている。すなわち、新しく議員になったクリストファ・ハリスなど七名(7)は、ローリーの側近であった。ローリーが選出に関わったときには、植民と私掠を可能にする自分宛の勅許状を、承認されやすくしておくためだったらしい(8)。選出された議員は、推薦してくれた有力者や地方全体の利得（'return'）のために腐心しなければならなかった。

ローリーの議会活動は、議会でのスピーチが水際立っていた。それらのスピーチは、普遍的な正義を主張していたかにみえて、実は地方の利得と地方の気風を主張していた。

たとえば、ピューリタンとカトリック信者を迫害しようとする議案に反対した演説についても、それはいえた。一六〇一年の議会では、次のようにいってカトリックへの強制に反対した――「カトリック信者も国教会の日曜礼拝に出るように、欠席すると罰する、とこの議案はいうが、そんなことができるはずがない。教会の人は仕事が増えるのを嫌がる。違反者がたくさん出るから司法組織がパンクしてしまう。それに、カトリックが入ってくると、もとからいた国教会の信者も、いやいや出席するカトリックに習って、出席さえしていればよいという気になって、そのうち、誰が本当は家にいたがっている不心得なカトリックなのか、見分けがつかなくなってしまうというものだ」[9]。このように面白おかしく語っているが、人権を無視するような厳しい取締りはいけないという、反権力の主張で、これはあった。聖バーソロミューの日の大虐殺に対して、カトリック側の狂信ではなく権力の濫用に抗議したのは、ローリーの叔父の同郷人サー・アーサー・シャンパナウンであった。罰せられていたピューリタンのパジィト神父を、わざわざ家に呼んで仲間たちに話を聞かせたのは、サー・リチャード・グレンヴィルであった[10]。

そのような反権力、自由尊重のリベラルな気風は、宗教の古い教理に対してときに懐疑的になる、この地方の気風であった。ローリーは科学者ハリオットと親しかった。ハリオットは天文学、地理、数学に通じ、海外に出てゆく西南部の人々の気風に通じていた。この気風は、天気予報をさえ魔術とみる当時一般の気風からは、進取であり、ローリー達は時に「無神論者」、「夜の一党（The School of Night）」と呼ばれて退けられた。

ローリーの議会での演説の背景には、外国への拡がりが生んだ、このような西南部の人々の気風があった。ローリーの議会演説を、本書はもう一度とりあげることになる。

ロンドン塔

ジェイムズが即位してから、いわゆる「本・副陰謀事件」が起った。ローリーは無実だったろうとみられているが、共謀者の中に連座させられて、死刑の判決を受け、刑を未執行のままにロンドン塔にいれられて、そこで一三年間を過した。

主に著作に費やした一三年間について、ローリーが生涯のうちで最も真っ当な仕事をした期間だった、という意見がある（ラウス）[11]。散文だけでも九篇の著作をものにしたが、なかでも『世界の歴史』が重要な大作である。

過去の国王が犯した不正が神様に罰せられた例を、歴史のなかから延々とあげていったのが『世界の歴史』であった。諸王を激しく批難しすぎているといって、ジェイムズは一度は発禁にしたが、二年後に再刊を許してからは（一六一六）、何度も版を重ねた。紀元前一六七年の歴史からはじめられ、西暦二世紀の歴史に至ってすでに厖大な頁数になったが、その人のために書いた皇太子ヘンリーが、一八歳で不審死して（一六一二）、悲しみのあまり著述の筆を擱いた。スチュアート朝を批判する人々、主に議会派の人々に、『歴史』が利用された。『歴史』が、悪い国王と良い政体を説いていたからであった。どのように文書のなかで利用されていったかを検べた研究がある。[12]『歴史』は、深い普遍性をもたないけれども、ローリー個人の心情と、福音の神よりも律法の神に傾いた当時の風潮とを、表わしたものである。

ロンドン塔を出られたのは、ローリーが獲りにゆくというギアナの黄金を、ジェイムズが欲しがったからだった。黄金はみつからず、現地のスペイン村を襲わないという約束を破ったので、帰国後に断首された。本書が取り上げるのは、断首とその前後の物語である。

死という業績

生涯全体にわたる業績を俯瞰しておきたい。

多くの分野にわたって活躍し、活躍が話題になった。ローリーは「歴史家、詩人、哲学者、海戦記の作家、宮廷人、政治家、兵士、軍将、海賊、船主、愛国者、化学者、植民地企画者、コンワル選出の議員、同時にジャージー島総督、行政官、文人のパトロン、科学者でありながら不可知論者、策士でありながら殉教者だった」（エドワード・トンプスンが書いたエピグラフから[13]）。

しかし、総ての分野で引き揚げるのが早く、種子、萌芽に留まった。後に樹木になってはじめて、種子、萌芽が価値を帯びた。また、ローリーは「歴史を動かす兵力（force）ではなかった」（レイサム）[14]。ましてやそれを動かせた指揮官ではなかった。

極端な見方をすると、最大の業績は、公開処刑の場で、死を見事に作りあげたことにあった。後世に最も確かな影響をあたえたのが死であった。そのことを語っている、あるローリー小伝へのエピグラフを引用して、「ローリーの生涯」を閉じたい。ある小伝とは、ブリティッシュ・カウンスルの小伝シリーズのなかの一冊、著者は故アグネス・レイサム、[注1]エピグラフは、書物のはじめに置いてその人物を短く語る。生家の「バートン」は、農家の意である。そのような出自であったが、国家の重要人物にまでなった。そのような人物が処刑される場所は、一般人が処刑されたタイバーンではなく、ロンドン塔のなかか、ウェストミンスターの公開場であった。多分野にわたってあれほど活躍し、あれほど神格化された人物に対して、業績をなに一つ語らない、二〇世紀だからこそ書かれた、次のエピグラフは、一種の逆説である――

サー・ウォルター・ローリーは、一五五四年、デボン州のヘイズ・バートンで生まれた。死刑を宣告されて、一六一八年一〇月二九日、ウェストミンスターで処刑された。

（1） Agnes M. C. Latham, *Sir Walter Ralegh*, 'Writers and Their Work' (Longmans, 1978), 8.

（2） 'To Robert Morgate and Others from the Court, 20 Feb. 1585', Agnes Latham and Joyce Youings, *The Letters of Sir Walter Ralegh* (University of Exeter Press, 1999), 28–29.

（3） *Letters*, 128–132.

（4） Joyce Youings, *Ralegh's Country: The South West of England in the Reign of Queen Elizabeth I* (North Carolina Department of Cultural Resources, 1986), 31.

（5） Anna R. Beer, *The Life of Lady Ralegh, Wife to Sir Walter Ralegh* (Constable, 2004), 13–56.

（6） Youings, *Ralegh's Country*, 58.

（7） 他の七名はJohn Chudleigh, John Glanville, Francis Godolphin, William Gardiner, John Shelbury, Edward Hancock.

（8） 一五八四年の議会の委員会が、ローリーの北米に向けての勅許状を確認（confirmation）したとき、委員会のメンバーは、コートニィ、グランヴィル、モウアン、フランシス・ドレイクであり、いずれも同郷人であった。

（9） Neale, *Elizabeth I and Her Parliament 1584–1601*, 404, quoted in Willard M. Wallace, *Sir Walter Raleigh* (Princeton University Press, 1959), 180.

（10） Youings, *Ralegh's Country*, 70, 71.

（11） Raleigh Trevelyan, *Sir Walter Raleigh* (Allen Lane, 2002), xii.

（12） Anna R. Beer, *Sir Walter Ralegh and his Readers in Seventeenth Century* (Macmillan, 1997), 22–59.

（13） Edward Thompson, *Sir Walter Ralegh, the Last of the Elizabethans* (Macmillan, 1935), 30.

（14）『英国百科辞典（ブリタニカ）』

第一章　最後の旅

第一節　横領のプリマス

大惨事

一六一八年六月一一日、ローリーの帆船「運命号《デスティニー》」、六二一トンが、イングランド西南部最大の港プリマスに帰ってきた。今のヴェネズエラ、当時のギアナに向けて出発してから、かっきり一年たった日の帰港であった。

その旅は大惨事になった。とりにいった黄金はみつからなかった。黄金には国王ジェイムズの財政とローリー自身の生命とが賭けられていた。一六一七年には七二万六千ポンドに膨れていた借金(1)を、ジェイムズはなにかで埋めなければならなかった。黄金が入ってくれれば埋められる。国家の財政もスペイン並みになるだろう。この旅にはスペインが関わった。息子チャールズとスペイン王の娘との結婚話がまとまれば、六〇万ポンドの持参金が入ってくる(2)。そのスペインが、ローリーのギアナ行に反対した。反対されてもなお、ジェイムズはローリーを行かせた。スペインには言質をあたえた。もしローリーが現地でスペイン側に損害をあたえればローリーを死刑にする。ローリーは損害をあたえてしまった。現地でスペイン側の守備隊と交戦して、四人を殺し、砦を占領、引きあげるとき物品を略奪、砦を焼き払ってしまった。スペインとは親睦しなければならない。ローリーは死ななければならない。

惨事はそれだけではなかった。ローリーの身辺では、ギアナにつれていった長男が、交戦したとき殺された。身辺を離れなかった忠臣のキーミスは、黄金をみつけられなかった責任をとって、自殺した。自殺した、とローリーは吹聴した(3)。

ローリーの船は、ただの一艘でプリマスに帰ってきた。出発したときは一四艘の船団だった。僚船は往路で二艘が海賊船になってギアナまでは行かなかった。復路では四艘(4)がローリーを見限って、これらも海賊船になった。復路、アイルランドに寄った四艘のうち三艘が、イギリス政府の命によってそこで没収された(5)。ローリーの船だけが、彼の現地への影響力によって、イギリスに向けて出発できた。

ローリーの船は、乗船員の数も僅かになっていた。出発したときは二四〇名。往路で熱病に罹《かか》って四一名もが死亡、復路に一五〇名がアイルランドで下船した(6)。プリマスに帰ったのは約五〇名にすぎなかった。アイルランドで下船した理由は、ローリーが航海中に禁じた海賊行為を、下船したキンセイル付近を本拠地にして、彼等がやろうとしたからであった。(7)

帰着した「運命号」は、港の東端にあるサトン・プールに入っていった。そこは奥深く入りこんでおり、停泊する船、荷の積み降ろしをする船が入った。おそらく最も奥に入ってから停泊して、帆をたたんで岸に上げた。出航しない意志が、それで示された。

ローリーがなぜ帰国したのか、大方の宮廷筋はいぶかった。処刑されると分っていたからだった。(8)ところが、ローリー自身がそれを分ったのは、ずっとあとのこと、ロンドンに向う旅の途中の、七月二六日であった。事態を認識しなければならなかった機会は、何度もあった。その機会は、五月末日に、アイルランドのキンセイル港に入ったときに、まず、あったとみられる。キンセイルがあるコーク州には、初代コーク伯になったリチャード・ボイルがいた。ボイルはロンドンの政府筋と交流が密であった。このボイルから、ローリーは死を免れないことを警告された筈である。しかし、しかるべき対処をローリーはとらなかった。キンセイル着が五月末日、プリマス着が六月一一日、(9)フランスかオランダへの逃亡について、手を打てる期間ではなかった。プリマスに帰った事実が、すべてを語っている。

正しく状況を受けとめなかったのは、プリマスに帰ってからも同じだった。今度はそれでも、フランスに向けて脱出しようとしたが、途中で思いとどまった。この脱出は七月二〇日に試みられたから、プリマスに帰った六月一一日からは、まだ先のことである。

スタックリーが任命される

プリマスに帰港すると、海軍提督が、デボン州海軍副提督に、命令を出した。ローリーを逮捕してロンドンにつれてこい、という特命だった。「海軍副提督」は、各地の港に関わる利得を政府に吸い上げるのを任務とした。具体的には、外国籍の難破船の積荷と、略奪して帰ってきたイギリス船の積荷の、分配と売却であった。平時はロンドンにいて、現地には代理を滞在させていた。[10] デボン州海軍副提督のサー・ルイス・スタックリーが、ロンドンで命令を受けたのは六月一二日、[11] ローリー帰国の翌日だった。プリマスでは、船が帰港すると直ちに、トマス・ハーディング（Thomas Harding）が、ローリーの船に乗りこんで、船を形のうえでは政府の監視下に置いた。[12] トマス・ハーディングなる人物は、別の文書がトマス・ハーデン（Hardwen）と記している人物、デボン州海軍副提督代理、と同一とみられる。ハーデンは、「運命号」の装備品と積荷の処分を、ローリーの死後、プリマス市長と共にとりしきった。[13] この公式の処分よりはるか前に、公式には許されない略奪品の処分を、上司のスタックリーと組んで行ったとみられる。

サー・ルイス本人がロンドンを発ったのは七月七日か八日、拝命してから二五、六日後だったらしい。もし本当に遅く出発したとすれば、遅く出発した理由は二つがありうる。一つは、部下のハーデンが船から積荷を十分に横領するためであった。積荷をただ降ろすだけでなく、商人に売却するには日にちが要った。二つは、政府が遅い出発を黙認したかもしれない。二つの理由は、同時にありえた。ローリーが国外に逃亡してくれるのを、政府が望んでいたふしがあった。逃亡してくれれば国内で問題がおきずにすむ。事柄の性質上、証拠になる資料がないので憶測にとどまるけれども、さりとてここにとりあげないわけにはゆかない。

夫ウォルター・ローリーがプリマスに着いたとき、妻子がすでにプリマスに来ていた。駅馬車をロンドンから乗り継いだであろう。妻エリザベス、通称ベスは、このとき五三歳、長男のウォルターがギアナで死んだこと、黄金がみつからなかったことを、ロジァ・ノース船長が現地から政府に送った手紙で知っていた（五月二三日）。ベスがつれてきた次男のカルーは、このとき一三歳であった。ロンドンからの駅馬車の旅は六日以上かかった。カルーには普通ならばこの旅はさせなかった筈である。ただしそれは、父がロンドンに必ず帰ってくるときであった。

ハリスの豪邸

プリマスで、妻子と、後に夫とが入った家は、サー・クリストファ・ハリスの館だった。館はプリマス湾の東隣プリムストックのなかのラドフォードにあって、ラドフォード・ハウスと呼ばれていた。サー・クリストファはローリーと親しかった。二人には、サー・リチャード・グレンヴィルとフランシス・ドレイクという、共通の友達があった。彼はローリーのお蔭で、一五九一年からコンワルの錫鉱山の副管理人になれた。彼はまた、グレンヴィルが後述のランディ島の管理を信託したとき、ローリーと共に信託管理人になった。そのような親しさから、ラドフォード・ハウスをローリーは常宿にした。ギアナに行く前からそうしていた。(14) ラドフォード・ハウスの敷地は、開発されずに公園になって今もそのまま残っているので、地域が正確に把握できる。入海に堰を造ってできた池をもつ、広大な敷地である。当時のプリマスを描いたある絵図に、この館が記入されている。その絵図からこの館の部分だけを拡大したのが図19である。館は跡があり、門の位置と広い背後の丘陵が今も同じである（図20）。実際には海沿いにある人造湖（図21）は、絵画のなかでは誤って中央上に斜めに描かれている。プリマスには、ローリーは入ろうと思えば入れる家が、ほかに二つあった。船が泊まったサトン・プールから歩いて一五分のところに、ローリー家のプリマス用の仮寓があった。サトン・プールから更に近くに、そのときフランシス・ドレイクの家族が住んでいた家があった。しかし、館の広さと格では、ハリスの館が一番であった。

ローリーが入った家にはこだわらなければならない。これから死刑にされる、囚人同然のローリーを、当地の人々は昔通りに厚遇した。ロンドンに向けた旅の途中でも、それは同じだった。西南部の土地柄とはそういうものであった。それらの厚遇は、見方を変えれば、中央の方針が地

図19　当時のラドフォード・ハウスと庭園。絵図「16世紀のプリマス」の部分に描かれたラドフォード・ハウスは右下のタワー付き。左の海はサトン・プール。

図20　現在のラドフォード公園入口。この門は図19に見える門の位置にある。右側の建物は当時の館の上に建っている。

図21　現在のラドフォード公園、堰止め湖。この湖の奥まで公園はある。図19の右上に右あがりに描かれた湖がこの湖のつもりだったのであろう。

方に浸透しないことを示した。チューダー朝の行政は、一方で中央政権があり、他方で中央から独立していた地方分権があった。そのような混合が、ローリーが帰国した頃の初期スチュアート朝に継続していた。地方のなかでも西南部は、海外活動によってえた富があり、互いに命を預けることから生まれる団結心が強かった。混合物としての行政に、西南部地域の強い独立性が加わって、処刑が待っている囚人が、幾つもの桃源郷で遊んだのであった。

一方、母親が一三歳のカルーをここまでつれてきたのは、海外に逃げるはずの父に、別れをさせるためであった。妻ベスは、常に事態を切りひらいてゆく、意志の人であった。長男がいなくなったのを悲しむよりも、夫の失敗に挫けるよりも、そのとき自分がしなければならない対応に、たち向ってゆく人であった。一年振りに夫と会った情緒的な場面を想像するよりも、次男をつれてきたことに留意する方が、この妻には適っている。

キングの報告

話はプリマスのローリーに戻る。プリマスにいる間はおおむねずっと、殺されると警告されても耳を貸そうとしなかった。そのような態度を、「自分からすすんで国王に身を預けようとしていた」と、おそらく美化しながら、忠臣だったサミュエル・キングが語った。キングは船長になって主君ローリーのギアナ行に帯同した。船はアイルランドで没収され、ローリーの船で帰ってきていた。キングはローリーが政府に悪くいわれるのをみかねて、処刑後に政府にローリーの行動を報告した。帰国してからロンドン塔に入れられるまでの、自分が同道していたときの行動についてであった[15]。その期間のローリーの行動を語るものとしては、ほかに、スタックリーによるもの[16]、後出のスパイ、マヌーリによるもの[17]、後出のこれもスパイ、サー・トマス・ウィルソンによるもの[18]、ローリー自身が断首台でしたスピーチ[19]、の四つがある。これら四つは、自分を有利に導こうとする偏向が強い。キングの証言は客観性がより高い。

略奪品を押収する

なかなかサー・ルイスがやってこないので、ローリーは自分からロンドンに向けて、七月一一日に出発した。プリマスでの一ヶ月のあいだになにをしたのか。キングは短く、「自分のやることをやりおえた（settled his affairs）[20]」とだけ述べている。なにをしていたか、詳しくは書けなかったとみなければならない。

ローリーはこのあいだに、「運命号」で持ち帰った略奪品を押収していた。正式に有罪になれば、政府に没収される品々であった。略奪品のなかで、タバコなどは処分していると目立つから、かさばらない金目のものを捕り、または処分していた。ローリーはこのあと、フランスに逃げようとして逮捕され、ロンドン塔に収監された。そのとき没収された所持品のなかに、このとき接収したギアナ帰りの金製品が含まれていた。[21] また、死後に妻ベスがあるときに使った金の高い額が、このときの押収によってしか説明しにくかった。[22] 部下のキーミスが、黄金はみつけられずに、略奪品をもって、海上で待っていたローリーの元に戻ったとき、ローリーは嬉しそうな顔をして、キーミスを饗応していたと報告されていた。[23] 品物を略奪したサン・トメの砦には、スペインの守護隊の隊長等の住居、スペイン商人が集めたタバコなどが、狭い地域（図22）の中に集まっていたから、一個所からの略奪品にしては総額が高かった。サン・トメ村にいたあるスペイン人神父によると、総額は四万リールズ、内訳はコイン六〇〇〇リールズ、純金棒一本、金板一枚、金製品二、〇〇〇リールズ、重い金の鎖、銀製の大水差と水盤、それらの中にいれてあった金製の装飾品、タバコ（梱包されて出荷を待っていた）などであった。[24] 総額の四万リールズは円で億に近いのであろうか。略奪品は商人に売って換金されるのが普通であった。着いた港の商人に売る場合と、ロンドンまで持っていって売る場合と、品物が多いときはロンドンの商人が港にやってくる場合があった。ローリーがいた一ヶ月の期間は、換金を行える長さではあった。なお、スペイン側はイギリス政府に対して、略奪品への賠償を求めてきた。ローリーが弁償できないときは死刑にすると、ジェイムズはバッキンガム公を通してスペイン王に約束した。[25]

略奪品ではなく、「運命号」本体とその装備品の売却処分という問題があった。ローリーがロンドン塔から妻に宛てた手紙が、この件の分配について、妻に念を押したものであった。いわく、

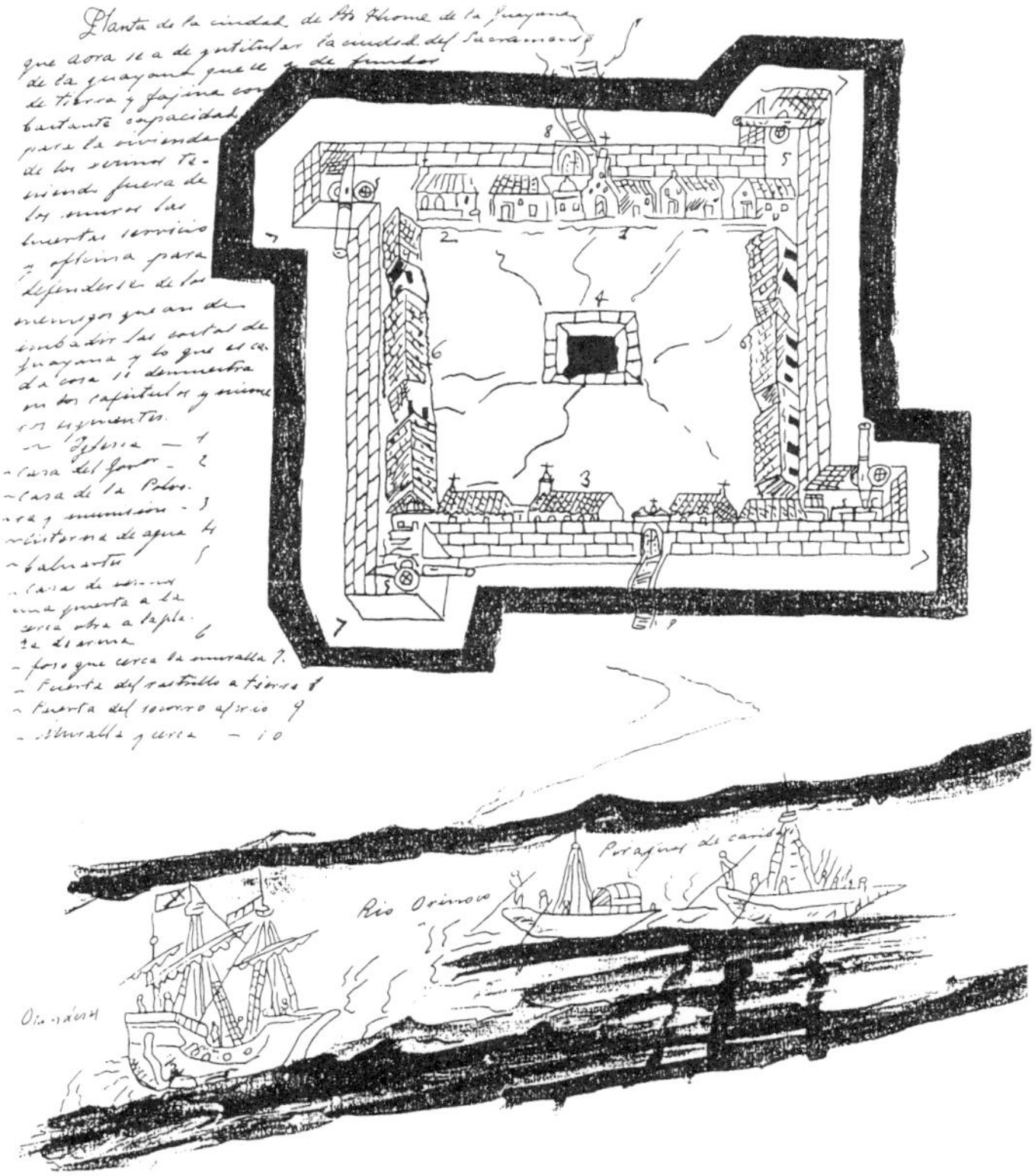

図 22　ギアナのスペイン村、サントメ（1618 年頃）。
（図のなかの建物）1（教会）2（村長舎）3（武器弾薬庫）4（水槽）5（稜堡）6（住居）7（濠）8（地上への門と入口）9（河への入口）10（胸壁）実際の河幅はテムズ河の 3、4 倍。

「船本体と装備品の総額は七、〇〇〇ポンドである。ウィリアム・ハーバートには四分の一である。三分の一やってはならない。ジョン・ペニングトン船長には四分の一だが、それが船主のチャールズ・スネルに支払われれば、私の一、七〇〇ポンドの借金が帳消しになる。誰にいくら支払うべきかは、サミュエル・キングが持っている手帳に書いてある[26]」——。ローリーが妻にこう念を押したのは、妻のとり分を目減りさせないためであった。この手紙の日付は一〇月四日、処刑は一〇月二九日であった。妻に宛てた最後の手紙であったのが留意される。だから、船がプリマスに帰ってきて、まずローリーが行ったのが、略奪品の押収であったのは、決して異常なことではなかった。押収は貪欲なローリーにとって当然、また当時の誰にとっても当然であった。また、中央の意向が及ばない、それを許した地方の行政が、ここにはあった。政府の役人である副提督代理が、船を管理下に置いているはずであった。その副提督代理が、副提督の意によって政府が認めない横領を行なった一部始終は、この後すぐ明らかになる。

　さて、「自分のやることをやりおえた」ローリーは、スタックリーが到着しないうちに七月一一日頃、ロンドンへと出発した。一行の構成は、ローリー夫妻と息子カルー、ローリーの召使ロビンとクリストヴァル、ベスの世話をする侍女一、二名、キングと召使で、総勢は八名以上、当然馬車を雇って、馬車に乗らない人々が馬でついていった。ラドフォード・ハウスを発った一行は、ダートムアをかすめながら、アッシュバートンに向っていた。

プリマスに戻る

アッシュバートンの町は自分の庭であった。東からダートムアに入ったときは、この町から入った。この町に錫が鉱山から運びこまれ、計量され、値がつけられて税がつけられた。プリマスからエクセターの間の宿場であり、一行もここで泊まるはずであった。ところが、アッシュバートンに一行が近づいていたとき、ロンドンからプリマスに向っていたサー・ルイス・スタックリーの一行に会った。やっとやってきたスタックリーであった。スタックリーはローリーの一行に、プリマスに戻るようにいった。自分はあなたをロンドンにつれていってさしあげるが、そうするまでにプリマスでやっておく用がある。そういわれればローリーは、その用のことが分り、素直にプリマスに戻ったであろう。（多分アッシュバートンでローリーたちは一泊した。この町からプリマスまでの二〇マイルは、早馬で四時間かかった。）再びプリマスから出発する七月二三日までの正味九日間に、二つの重要な出来事が起った。

スタックリーの横領

プリマスで今度は、スタックリーが、「運命号」の積荷の略奪品を処分した。正確には、代理人のハーデンに命じておいた処分の、決裁をしたとみられる。そのとき現金化された略奪品の一部が、「政府関係支払命令記録」に残されていた。一六一八年一二月二九日付の命令は、おおむね次のように述べていて、これは重要で貴重な資料である(27)——

スタックリーは、売却した金でローリーの船の船員たちに、給料を払ったといっている。また、ローリーをプリマスに逗留させるのに要した費用と、ロンドンにつれてくるのに要した費用と、一二月二二日までに自身がロンドンに滞在したのに要した費用とを、支払ったといっている。それらの請求額の総計は、九六五ポンド六シリング三ダラットである〔今の邦貨で二千万円くらいか＝筆者〕。しかしスタックリーは、ローリーの船のタバコを売って三四四ポンド、船の索具、キャンバス地の収納箱その他の装備品を売って五四ポンド一八シリングを、えているので、差し引いた五六六ポンド八シリング三ダラットを、スタックリーに支払うように命じる。

スタックリーが積荷などを売却したのは、海軍副提督の公務として行ったのではなかった。それは着服であった。ローリーが遺した「第一の遺言覚書」(後出)は、「スタックリーがタバコを売ってえた金額を申告させろ(28)」と求めていた。

積荷と備品に対する公的な処分は、ローリーが有罪と決まってから直ちに、一一月二日に行われた。プリマス市長サー・ファーディナンド・ゴージズと、件のトマス・ハーデンの手で、積荷と備品の棚卸しと集計が行われた(29)。積荷の方は、スタックリーとローリーが押収しきれなかった残りであった。ローリーの妻ベスには、二、二五〇ポンドが分配された。国賊になったローリーには分配されず、しかし妻には分配されたのは、「運命号」の建造費の一部として、二、五〇〇ポンドを、妻が出資していたからであった。ウィリアム・ハーバートには、ローリーが妻への手紙のなかで念をおしていた通りの、四分の一の取得権によって、七五〇ポンドが分配されたが、彼には渡されずに、ギアナのサン・トメ村を襲って焼いた賠償として、スペイン人商人に渡された(30)。

なお、このような公的な分配の前に行われた、大きな横領は、「神の母号」の積荷への略奪と較べられる。そのときの略奪は、警備が手薄なダートマス港であり、多数の海の男たちが主役であった。彼らが行った略奪には、中央政権への民衆の蜂起という政治性はまだなかった。それに対して、今度のプリマスでの横領は、ローリーとスタックリーという要人が主役であった。二人は共に、中央政府の一員でありながら、横領のときは、地方行政体の要人として行動していた。このときこの地では、中央政府の力よりも地方政体の力の方が強かったのを、これらの行動は証明していた。そのちがいはあるが、公的な分配が行われないうちに、積荷が略奪される図は、ダートマスでのその時も、プリマスでのこの時も、同じであった。

フランスへ逃亡未遂

プリマスに戻ってから発つまでの九日間に、もう一つの大きな出来事を、今度はローリーが起した。フランスへの逃亡未遂であった。逃亡する気になれなかったローリーが、今度はその気に半ばなった。何らかのきっかけがあったのであろう。ローリーは今度も、ラドフォード・ハウスに泊まっていた。以下はキングの報告による。[31]

キングが、プリマスにいたプロテスタントのユグノー派の、フランス人の船長と交渉して、フランスまでゆくバーク（三本マストの帆船）を、プリマス港の沖合、城からの砲がとどかない距離に、停泊させた。多分七月二〇日の早朝一時に、ローリーはキングと一緒に、海に面しているラドフォードからボートで、このバークに向った。ところが、四分の一マイル行ったところで引きかえしてしまった。「気が変った」とローリーはいった。次の日に「もう二夜ここにいてくれ」と、キングが船に求めたが、一夜目も二夜目もローリーは行かなかった。更にもう一夜待たせたが、それでも行かなかった。

そうキングは報告したが、政府側が出した後述の『宣言』では、ちがった話になっていた——この逃亡はスタックリーがプリマスに到着するより前に起った。だからこそスタックリーをプリマスにやったのだ。バークには本気で乗るつもりだったが、暗夜でそれがみつからなかっただけだ――。ローリー自身もこの事件について、断首台の上から釈明していた――プリマスでフランスに逃げようとしたのは事実だ。ただしフランス政府と交渉など断じてしていなかった――。キングの方は逃げる気がなかったのだといっている。『宣言』はローリーを貶めるために、実行の時期を変え、暗夜のせいにした。本当に逃げるつもりであったのなら明るい夜にやれた。断首台の上のローリー自身は、そのとき千両役者にならなければならなかったから、逃亡をむしろ自慢して、問題をフランス政府と共謀したかどうかにすり換えた。

ローリーのこの時の行動は霧の中にある。一つには、ローリー自身の不決断が、事を分りにくくした。二つには、情報の錯綜があった。それぞれの報告者が、ローリーの行動を、自分たちの都合がよい方向にもっていった。

なお、ローリーがプリマスに戻っていたこの期間に、フランス人の町医者マヌーリをスタックリーが雇った。病弱になったローリーの世話をさせて信頼させ、情報を聞きだそうとした。そういう仕事は自分だけでは果たせないとスタックリーは見たのであろう。当時は、医術がすすんでいたフランスから、ただし怪しげな医者が、イギリスにきていた。後でスタックリーが、政府にマヌーリへの謝金を請求して、政府は僅かに二ポンドを認めた(32)。スタックリーが雇って、政府が事後承認した人事であった。

プリマスを再出発

プリマスを再び出発したのは七月の二二日か二三日、六月一一日に帰国してから約一ヶ月が経っていた。キングを含むローリーの一行に、スタックリーと従者、およびマヌーリが加わった。向ったのはデボンの東、マズベリーであった。その北にアックスミンスターの町がある。ドレイク家の人々に会うためであった。ドレイク家代々を、マズベリーの地区教会が祀っている（図23）。プリマスからの七三マイルほどは、途中で少なくとも一泊しなければならない。一泊であればエクセター、二泊であれば手前のアッシュバートンが加わったであろう。

ローリーがエクセターで多分泊まった夜、南東八マイルにある生地への望郷の念を、強くいだいてはいなかったにちがいない。いずれまた訪れるだろうと思っていたはずである。しかし、二度と訪れることはなかった。

マズベリー

この日付は分っている二五日に、マズベリー（図2）に着いた。プリマスからロンドンへのハイウェイは、アッシュバートン、エクセター、ホニトンを通るので、マズベリーへは海沿いからではなく北から入ったであろう。ここには三つの大きな館（マナ・ハウス）があった。いずれもドレイク家が主に海外活動で得た利益によって建てた。図23に入っているバナードはローリーの義

図23　ドレイク家の先祖の塑像。中央がバナード夫妻。

図24　アッシュ・ハウス。この南側の一辺は左端の木立の奥まで続いている。

図25　トリル・ハウスの入口。道の左に遺構、右に広い庭園。丘陵は写真の背後にも。

理の従兄だった。[33] 三つの館のなかで泊ったのは、マウント・ドレイクにあった館だったであろうといわれている。[34] この館だけは地名も跡も残っていない。後の二つの館、アッシュにあるアッシュ・ハウス（図24）と、グレイト・トリルにあるトリル・ハウス（図25）は、建物の一部と敷地全部とを、今も残している。それらからローリーが泊った館の豪壮さが偲ばれる。ローリーも積極的だった海外遠征、それで建った驚くべき豪邸で受けた歓待を、ローリーはさぞかし満喫したであろう。歓待が、直ぐに死ぬ身であるのを忘れさせたであろう。もしローリーが旅の途中で日記をつけていたならば、二度目のギアナ行のとき、途中で手に入った食べ物のことばかりを記していたように、食卓に出されたご馳走を、刻明に記していたにちがいない。

刹那の歓楽と現実との差は大きかった。ローリーの最後の旅を辿っていて筆者がえた発見は、その差の大きさであった。人生は旅だという。万人もまた、現身の有限を忘れて、刹那を楽しみながら、終着点に近づいてゆく。

マズベリーに着いたその日の、おそらく夕餐のあとに、スタックリーのもとに、政府がロンドンを二三日に発した、問題の速達便が届いた――

貴下は、サー・ウォルター・ローリーの身柄を枢密院に送りとどけるよう、すでに何度も王から指示を受けている。であるのに、貴下が行うべき執行がなされておらず、なされているのは、国王にも枢密院にも不適応な、愚かな言い訳ばかりである。それゆえにこの手紙を貴下に向けて出し、国王の名と貴下の忠誠にかけて、次のことを厳しく命令する。すなわち、今までの遅延と言い訳は棚上げにするから（これ以上の言い訳は決して聞かない）、サー・ウォルター・ローリーの身柄を安全、迅速にロンドンに運んでくるように。そうすればローリーに詰問して答えさせておき、その答えに枢密院が反駁を加える手筈になっている。この任務は注意して履行せよ。さもないと死刑に処する。

カンタベリー大司祭、大法官、国璽官、宮内長官、副宮内長官、官房長ノーントン、アランデル公、カルー公(35)

この手紙をスタックリーから見せられて、ローリーは「顔色をかえた」（キング）(36)。階段を昇って寝室に入ったローリーを、階段の上までついていって、開いていたドアからのぞき見ると、ローリーは「足で床を踏みつけ、髪をかきむしってののしっていた」（マヌーリ）(37)。

ローリー伝では有名なこの手紙は、三通りの受け取り方がありうる。一つは、政府筋がスタックリーが横領しているのを察知して、それゆえの遅延に腹を立てていると受け取る。地方が独立して、中央の政策が浸透していない図である。ただし、地方が独立しているといっても、地方で動く人次第であったのをこの手紙は示している。スタックリー、お前が悪いのだという、これは口調である。差出人にローリーの友人だったカルーとアランデルを入れたのは、妨げられた中央の統制を誇示する意地であったのだろう。最初に連行命令をスタックリーに出したのは、海軍提督ノッティンガムだけだった。[38] 次の受け取り方は、政府が無理に拘引を遅らせていたところ、突然それを急がせなければならなくなって、今までの遅れをスタックリーのせいにしている、と見る。この手紙が書かれた一週間前（七月一六日）に、駐英スペイン大使ゴンドマが離英してスペインに帰った。スペインがらみの新しい事態が生じたかもしれない。手紙のなかの「何度も催促したのに」という個所は、政府が遅延を黙認していたとするとよく読める。何度も出したといっている命令が、記録に残っていないこともある。この受け取り方は、穿ちすぎだとしてまったく捨てることはできない、そういう時代であった。三つ目は、このときジェイムズがソールズベリーに向っており、王がそこでローリーと一緒になるのを避けようとした手紙だという、単純な受け取り方がある。[39]

この不可解な手紙を見たあとのローリーの対応もまた、不可解である。この手紙は、死刑にするお膳立てが整っているのを語っている。にもかかわらず、ローリーが対応したのは、キングの報告によると、スタックリーがスパイだったのに驚き、マヌーリもまたスパイではあるまいかと、キングに調べさせただけで終ってしまった。

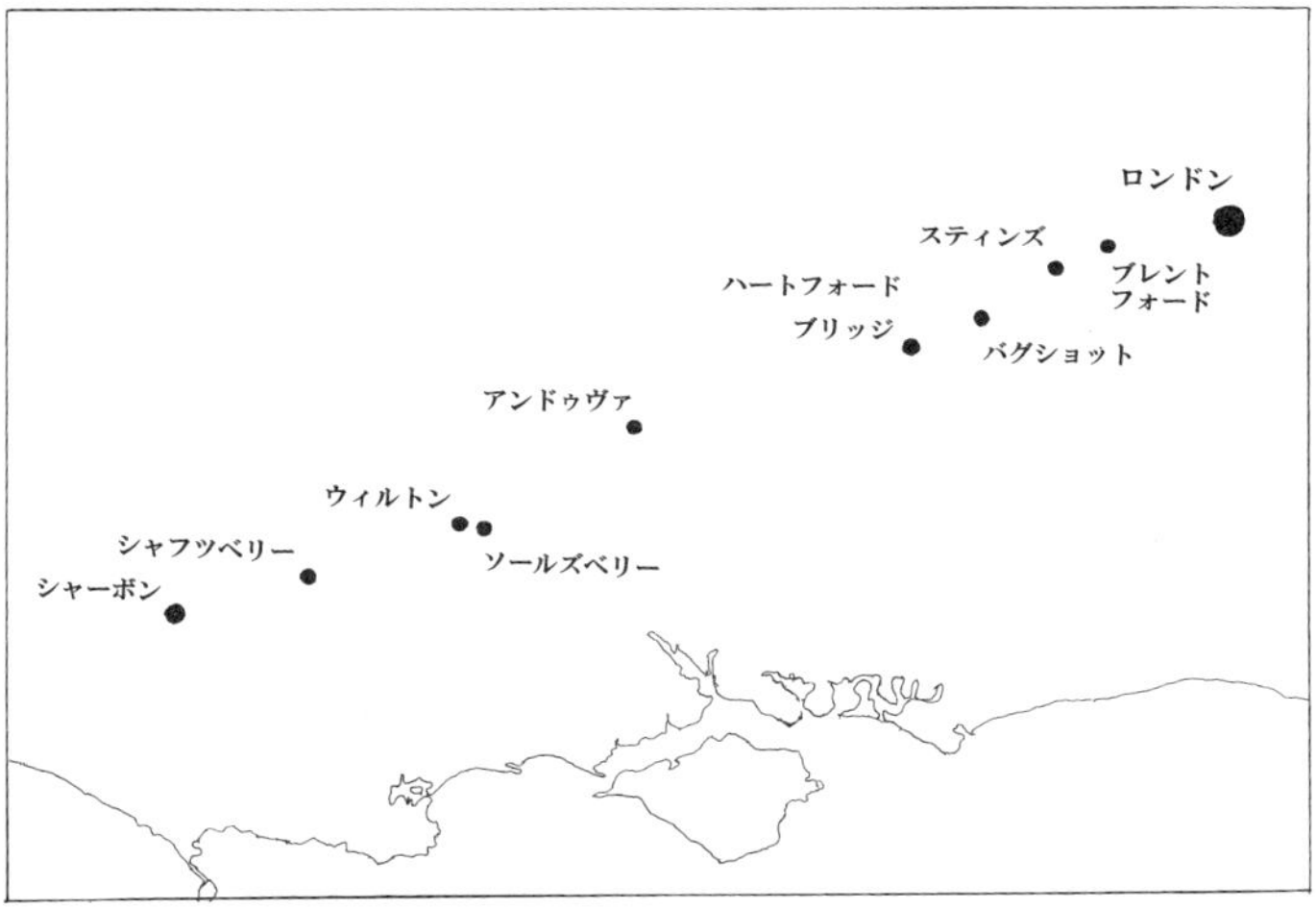

図26　シャーボンからロンドンまで。

第二節　驚愕のシャーボン

シャーボンへ

二六日にマズベリーを発ったあと、旅のペースは格別早まりはしなかった。次の宿泊地、ドーセット州のシャーボン（図26）まではおよそ二九マイル、これは楽な旅であった。ひとまずヨーヴィルの南クリフトン・メイバンクに向った。マズベリーから二四マイルであった。サー・ジョン・ホージィの館クリフトン・ハウスに正午頃に着いた。この館はヘンリー八世の時代に建てられ、サー・ジョンが補修した。本館の一部と庭園（図27）が往時の姿を残している。往時は礼拝堂もあった。ここをローリーとベスが、秘密結婚で入れられたロンドン塔を出てから、若夫婦のときに訪れたことがあった。(40)二人

図27　クリフトン・ハウスと庭園。ハウスの西側。輪郭と出窓は当時のまま。

は今は初老の夫婦になって、昼食をご馳走になった。周りを廻っているヨー川が木立を養っている、この明媚な風光のなかで、キングがローリーに頼まれて、マヌーリの正体を探った。キングは彼の方は大丈夫だと報告した。ローリーは安心して、それで終ってしまった。まるであの手紙がなかったかのようだった。

　五マイル先のシャーボンでは、二つの出来事があった。ある訪問者から死刑を免れないと教えられ、今度こそ本気で逃亡を考えるようになった。二つは、許されない言動の一つを、ここで発したと後で批難された。その批難には、ジェイムズ朝のあり方が含まれていた。

「不敬なことば」

シャーボンに入るとすぐ、右手に古城（Old Sarem）（図4）が見えた。今の道は昔の道と同じなので、それが今でも見える。古城のあちら側には、ローリーが建てて住んでいた新城（New Sarem）が、古城より低い土地に隠れている（図5）。城を見ながらローリーは次のようにいったと、マヌーリが報告した――「王が不正を犯して（unjustly）、私がもっていた館を私からとりあげた」[41]。この言葉を、政府はのちに、ローリーが王にいった不敬なことばのひとつとして取り上げた[42]。不敬なことばは、この時代には死刑に相当した。ジェイムズがどのような存在であったかを、これは示している。しかし、「不敬なことば」は、マヌーリの証言だけにあった。発言はあったかもしれないし、なかったかもしれない。罪を創ろうとする政府側の料簡はあった。絶対君主というジェイムズの存在はあった。

ディグビィの訪問

シャーボンの町に入ると、一行は二手に分かれた。マヌーリ、キングと従者たちは、ジョージ・インとニュー・インに入った。二つのインが残っており、その頃の様子が偲ばれる（図28）。ローリー一家とスタックリーは、町から一マイル北のポインティントン村にあるマナ・ハウスに泊った。サー・エドワード・パラム夫妻から歓待された。ローリーが泊った部屋は、今もそのままの姿で残っているゲイトハウス（図29）の、二階の右側だった。サー・エドワードは気のおけない友達だった。ローリーは自分の家にいた料理人をここに送りこんだ。二人とも公証人ジョ

図 28　シャーボンの「ザ・ジョージ・イン」。

図 29　ポインティントン・ハウスのゲイトハウス。

図30　サー・ジョン・ディグビィ。

ン・メアに騙されたことがあった。

饗宴のあと、サー・ジョン・ディグビィ（図30）がこの家にローリーを訪ねてきた。このディグビィは、駐スペインイギリス大使をやめて帰国したところ（一六一八年四月）だったから、ローリーに対するスペイン側の対応に精通していた。ディグビィはローリーに、「刑法でなくコモン・ロー（慣習法）と軍法で裁くと、スペインとの間で話ができている」[43]と教えた。「処刑はスペインのマドリッドだろう」とも教えた筈である。ジェイムズがマドリッドでするのを承認した、スペイン国王宛の手紙の証人に、ディグビィはなっていた。ローリーのギアナ行に反対し、マドリッドで処刑されるのに賛成し、スペイン政府から年金をもらっていた。同じジェイムズの愛友でも、カーとヴィリアーズとはちがって、欠点が少ない能吏であったから、ジェイムズは自分にとっての一大事、皇太子とスペイン王女の結婚話を進める大役を彼にあてた。スペイン側からの信頼が厚く、王女の持参金を六〇万ポンドにしてもらうところまで、彼は話を進めていた。そういう彼であったから、ローリーの問題をスペインの側からみられる宮廷人としては、筆頭であったであろう。ローリーが処刑されるのを当然とみていたにちがいない。彼から聞かされた見通しは、主我的なローリーにとっては、盲点に入っていた筈である。ディグビィはこのとき三八歳、日の出の勢いだった彼は、ローリーに会った直後に男爵になり、やがて初代ブリストル伯になった。この彼に、すでに老残の気配が漂いはじめていたローリーが会ったとき、会っただけでローリーは圧倒されたにちがいない。ディグビィに会ってから、ローリーの態度は一変した。

プリマスで妻とキングに説得されても、マズベリーでスタックリーにあの手紙を見せられても、事態に直面できなかったローリーだった。そのローリーが、次の宿泊地で行動を起こした。その行動は異常であった。これから先の旅路には、土地柄としてもローリーをもてなしてくれる桃源郷はなくなる。朝のパラム邸でエール酒をよばれ、マヌーリが迎えにきて、一行はソールズベリーへと向った。

第三節　仮病のソールズベリー

ソールズベリーでいよいよ

シャーボンからソールズベリーまでの三八マイルは、一気に行かなければならない。昼食をご馳走してくれる館もなかった。シャフツベリーをすぎると、右手にダウン（高原地）が拡がってくる。掘られたチョーク（白亜層）が作る巨像を眺めながら、ウィルトン館が右手にあるウィルトンをすぎた。長く続いた秀景が、このときのローリーに、これまでの旧知旧友に代って、安堵を与えてくれたのであろうか。ウィルトンからは、ゆるやかな下りになって、ソールズベリーの町に入ってゆく。

図31　ソールズベリーの「キングズ・アーム」その他。右から三番目のティンバー造りが「キングズ・アーム」、五番目が元「グレイ・ハウンズと兎亭」、奥のポーチがある建物が元「白鹿亭」。

図32　白鹿のサイン。旧「白鹿亭」を記念する、現「白鹿ホテル」のサイン。ローリーはステーキを「白鹿亭」に買いにやらせたという。

図33　ソールズベリー、「メディーヴァル・ホール」。寺院の西にある古い建物の一つ。いずれの建物もほとんど原型を保っている。

宿は二個所になった。ローリーの一行とキング、スタックリーとマヌーリは、スタックリーによると、ローリーの兄カルーの邸宅に入った。寺院の北側にあったのだろう。(44) 他の従者たちは、寺院の東側セント・ジョン通りにある「キングズ・アーム亭」か「グレイ・ハウンドと兎亭」かに入った。図31は、後出の「白鹿亭」が変った「白鹿ホテル」(図32) までが一列になって入っている。寺院の西側に、これから国王の一行がやってくる、格式が高い建物群があった。今の「キングズ・ハウス」と「メディーヴァル・ホール」(図33) などに、一行は分宿したであろう。

着いた夜にローリーは、妻、キングと逃亡の仕方を相談した。ローリーが病気を装ってここに留まっているうちに、キングと妻が先にロンドンに着いて船の手配をする。留まるローリーは、まもなくここに到着する国王と要人に向けて、弁明の文章を急いで書く。

仮病をつかう

翌朝妻子とキングが出発した。残ったローリーは、夜のうちに「眼がみえなくなった、眼が廻る」といいだした。翌朝マヌーリに薬をもらってからは嘔吐と下痢。皮膚にはぬり薬で爛れをつくった。狂気の発作も時折演じた。この頃のローリーの様子は、キングが先に発ったので、専らマヌーリの報告だけに拠られてきた。その報告は、狂気による行動を、微に入り細にわたってリアリスティックに語ったので、多くのローリー伝の作者と読者は、ローリーがまるでその通りであったかのように受けとってきた。伝の著者達は不注意、読者は不運であった。マヌーリの証言は、ローリーを誹謗したものであった。誹謗すればするほど、官房の受けがよかった。この証言を政府が出した『宣言』が採用した。本書はマヌーリの証言を、あくまでも『宣言』に含まれているものとして扱って（本書一九〇―一九八頁）、ローリーの行動を正しく伝えたものとはみない。

『弁明』を書く

さて、一人になったときに、多分眼の色を変えて『弁明（*Apology*）』を書いた。二八日から三日間をこれにかけ、マヌーリの清書が三一日に行われたであろう。八月一日に到着したジェイムズは、『弁明』を読まなかったが、治療のためにここに逗留するのを許し、ロンドンに着いてから妻子のいる自宅で静養するのを許した。許したのはしかし、早くも逃亡計画を察した政府が、ローリーを泳がすためであったとみられている。実際にそのような展開になった。

ローリーと狂態

ローリーはかつて、周囲には狂ったとみられたような行動をしてみせたことがあった。ベスとの秘密結婚を女王に罰せられて、ロンドン塔に入れられる前に、自宅謹慎の身にされた。今までは近衛隊長として、女王に毎日会えていた。自宅のダラム・ハウスからは東にブラックフライアーズ栈橋がみえた。その栈橋に女王の船が集まっているのを見たローリーが、狂ったようになった。ローリーはこういったと記録されている――「女王様を一日拝見して安心したい、そのために自分はボートのオール一組になりたい、そうしないと気が狂う」(45)。自分でボートを漕いで、近くまでいって女王に拝謁したい、そういって本当にボートに行こうとするところを、監視についていたサー・ジョン・カルーが止めようとして、二人がもみ合った。禁固の身がボートで女王に近づくことは許されない。それをしようとするほどローリーは狂っていると、女王に知ってもらうための、それは演技であった。ただしこの演技は裏面にでて、ロンドン塔に入れられてしまった。

ソールズベリーでの仮病について、ローリー自身が、『弁明』などで弁明していた。「預言者ダヴィデは神様の慈悲（Mercy）を求めて狂気を装い、唾をあごひげに垂れるままにしておきました」。この弁明に沿う見方と、沿わない見方とが、ローリー伝にはあった。「狂気を恥ずかしいという思いを、ローリーはこれまでもったことがなかった。今度も彼の心には、ここで時間をかせいで『弁明』を書いて、英国民にギアナ行についてのすべての真実を、知らせておかなければならないという、一念があった」(46)。必読のローリー伝を書いた、これはエドワーズの、ローリーの愛国心を敬愛する傾向が現れている。しかし今日、このような容認は少なくなった。

『弁明』と王権への挑戦

『弁明』[47]は、強気が満ちている。防御を詫びではなく挑戦によって行なっている。そのような強気は、次のような書き出しの骨太の文体に、まず明らかである。

もし、私の試みの失敗に、前例がなければ、弁明には、更に大部な論述、更に数多くの議論が必要だったろう。だが、ヨーロッパの大王たちが、ヨーロッパの中で、またトルコ大国に対して、また今日容易に知りうる近代史のなかで、試みた壮大な戦が、不成功に終ったといえるのなら、一人の私人にすぎず、しかも、ロンドン塔で一三年間付けられていた鎖と足枷を、そのまま引きずりながら、免赦がえられず、国王陛下の不興を買ったままだった、この私が、私以外の人たちが犯した過ちによって、決行した試みに失敗してしまっても、その失敗がどうして殊更に奇異なことでありえようか[48]。

過去の歴史から例を引き出す論法は、『世界の歴史』のそれであった。遠征に失敗した王として、神聖ローマ帝国のチャールズ五世、ポルトガル王セバスチャン、近年の失敗者として、フランシス・ドレイク、ジョン・ホーキンズ、ジョン・ノリスをあげている。彼らでさえ失敗したのに、この私が失敗したのは当然である。なにしろ私に集まった船員たちは、「どら息子」、「アル中」、「罰あたり」、「世の中のかす（'the very scum of the world'）」ばかりだった。

『弁明』は次に、自分にあびせられた批難を、一つ一つとりあげては、反駁する。——ギアナには行かずに海賊になりにいった、外国に逃げようとした、といわれるが、私はギアナに行ったではないか、こうしてイギリスに帰っているではないか、外国の人々から略奪しなかったではないか。何人もの船長に、やらなかったことをやったと告げ口されたが、そもそもは私が王に赦されていない身だったから、彼らが私を馬鹿にしたのだ。黄金はないと私が思っていたといわれるが、そうではない、部下のキーミスが弱気になって、探しにゆかなかっただけだ——。「私が王に赦されていない身だったから」には、王への批難が含まれている。これらの反駁は、断首台の上のスピーチで、そのまま、または似た内容になって、繰り返されることになる。

自分が受けた批難のなかで最大の批難に、次のように反駁しながら、果敢な『弁明』は閉じられる——

　すでに申し上げたことを、再び申し上げておくが、もしギアナが国王陛下のものでなければ、金鉱を開いても、町を占領するのと同じように、私は死に価したはずであります。なぜなら、金鉱を開けば、スペイン王から強奪したことになり、私は盗賊になったはずです。町を占領して和平協定を破ったと、責められるのと同じだったはずであります。

ローリーをギアナに行かせたときの王の言説には矛盾があった。スペインの領土だから町は襲うな、しかし黄金は取って来い。この最大の弱点をローリーは昂然として衝いた。絶対者に対する不敵な挑戦のこの態度が、断首台のスピーチの態度に直結した。内容でも態度でも、『弁明』はそのスピーチに直結した。このことから、以下の二つの点が注意される。

一つは、『弁明』の価値である。断首台のスピーチと同じ価値を、『弁明』は持っている。批判を許さなかったジェイムズに対する、果敢な挑戦であった。絶対王政を弱まらせる先駆であった。断首台のスピーチと較べると、死という衝撃がもたらす話題性、通俗性を欠き、仕草、振舞がもたらせた劇場性を欠くが、他方で強靭な筋力をもつ文体があった。イギリスの議会制、ひいては広義の民主制の歴史の上で、この『弁明』がもっている意義は、従来よりも高く評価されるべきである。

二つは、断首台の上でしたローリーの演技の性質である。その演技と、役者でないローリーがもっていたリアリティとの間の、距離は、あったとしても僅少であった。演技をいうのであれば、信念がもたらす表現力で、それはあった。その演技は、それによってしか自己が成型されないものではなく、すでに成型されていたものの、効果的な演出で、それはあった。あの演説のなかにあった、神への従順は別として、少なくとも王権への挑戦については、そのことがいえる。

マヌーリの作り話

ローリーがソールズベリーで何をしたかについては、マヌーリが語っている事柄を鵜呑みにしてはいけない。ここではただ、マヌーリが語る二つの場面だけを抜いて、マヌーリがする話のそもそもの性質を伺っておきたい。

『弁明』を書き終えたあと、多分八月一日に、ローリーと際どい話をしたと、マヌーリはいった[49]。マヌーリがいうそのやりとりは、ローリーを誹謗するうえで十分の効果があったが、やりとりが本当にあったとはかぎらない。マヌーリによれば、ローリーが逃亡を助けてくれというので、それならロンドンのシャー・レインにある、私の知り合いの家にまず隠れてはどうか、と勧めると、いや、もう自宅に入れるようになっているからいらない、という。そのあと、こちらからは聞いていない逃亡計画を、次々に話しだした。キング船長にもう手配させてある。グレイブズンドの下手にバーク（中型帆船）を待たせる。そこまでゆくにはボートを用意する。自宅からこっそり出てゆくのは簡単だ。マヌーリがローリーはこういったと報告したときには、ローリーが実際にこのような行動をした後であった。であるから、八月一日にローリーから聞いたのだと、地名と船をいって話を作成することはできた。自分からそのような大事な話をしだしたと、ローリーの軽はずみを強調することはできた。

同じような際どい場面が別にもあったと、マヌーリがいう(50)――一行がソールズベリーへの下り坂にかかったあたりで、ローリーは馬車を降り、マヌーリを馬から降ろして、二人は歩きながら話した。明日の朝までに食べたものを吐く薬を用意してほしい。ソールズベリーにしばらく留まりたい。時間をかせぎたいのだ。知り合いにはたらきかけたいことがある。その間に国王のお気持ちが和らぐかもしれない――。下り坂で二人は並んで話しはじめたというような、場所と話しはじめをあまり細かく語る方法は、かえってこの場面に疑いをいだかせる。もともとその場面がなかったから、それらを細かく語るようになる。それらを細かく語るのは、作り話をするときの常套である。

第四節　謀略のロンドン

逃亡計画売られる

八月三日にソールズベリーを出発した。早い出発であった。『弁明』を見た国王の周辺が、仮病だと見抜いたからだった。おおよそこの頃、ロンドンではキングが逃亡計画を手配しおえていた(51)。逃亡を請け負ったのはハートとコトレル、それぞれ、キングの船の元水夫長と、ローリーがロンドン塔にいたときの従者だった。計画によると、ハートが所有する小型帆船（ケッチ）が、

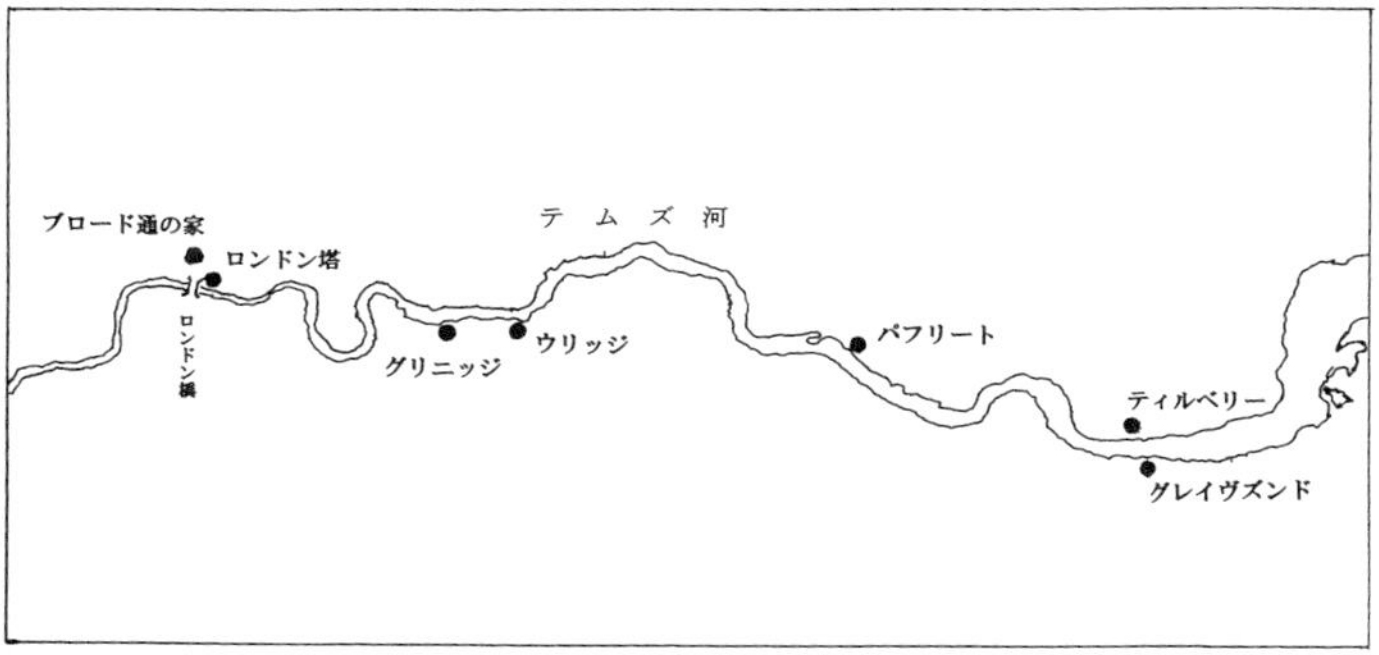

図34　ロンドン塔からティルベリーへ。

テムズ河口のティルベリー（図34）に繋がれている。それで英仏海峡を渡る。ティルベリーまではボートでゆく。ティルベリーと前出のグレイブズンドは互いに川向こうだから、同じ場所とみてよい。さて、請け負った二人は、三〇ポンドをキングから受け取ったのに、計画をウィリアム・ハーバートに売った。ローリーとハーバートはかつては仕事仲間だった。直前には一緒にギアナに行った。このハーバートは情報をサー・ウィリアム・セントジョンに知らせた。セントジョンは要人のバッキンガム公ジョージ・ヴィリアーズの義兄弟だったから、逃亡計画の仔細は、要人たちに拡がった。

ソールズベリーまでもそうであったが、この旅はロンドンへ行く当時のハイウェイに沿っていた。三日の夜はアンドゥヴァ（図26）で泊ったと『宣言』は記している。ソールズベリーからは一八マイルだから近すぎる。都市化したこの町のテムズ河沿いに、泊ったといわれる旅籠の跡はない。やはり『宣言』によると、続く八月四日の旅は、三二マイル先の宿

図35　ハートフォード・ブリッジと旅籠。
右のパブは当時の旅籠のあとを多く残している。画面左外にハイウェイができたのでこの街道は今は使われていない。

場ハートフォード・ブリッジ（図35）でまず休憩、一三マイル先のバグショットでまた休憩、さらに一〇マイル先のステインズで夜を過したという。しかしアンドゥヴァからステインズまでの五五マイルは、一日の移動には今度は遠すぎる。『宣言』は、そもそも旅を正確に語るつもりはなかった[52]。

スタックリーの協力

さて、休憩したとされるバグショットに、前出のセントジョンがやってきて、スタックリーに内々に逃亡計画を教えた。スタックリーは初めは当然、計画を知っているのをローリーに隠したが、マヌーリによると、ローリーの方から計画を打ちあけてきた。一緒にフランスに行ってくれれば十分の金銭をあたえると誘った。このあとスタックリーは、逃亡を積極的に助けた。逃亡を実際にさせて逮捕するのが彼の役割だったけれども、彼の指図なしには計画が動かなかったから、彼は後になってその点を卑怯だと批難された。ローリーの死はスタックリーが裏切ったせいだとされた。しかしながら、スタックリーはローリーが好きであって、本気で助けようとしたところがあった。この点はスタックリー自身が認めた。[53]本気で一緒にフランスに行こうと思った折々もあったはずだと、ある説はいう。[54]ローリーが脱出に成功しても失敗しても、自分は強く批難されるだろう、それならば一緒に行ってしまおう、と。マヌーリの行動も、スタックリーの行動とは別の意味で、複雑だった。情報をロンドンのフランス大使館に売って、ローリーを逃亡させようとしたらしい。二重スパイである。それを察知した政府筋によって、ロンドンに戻る途中に、暗殺されるところだったといわれている。[55]

一行は黙りこむようになった。ローリーにはローリーの、スタックリーにはスタックリーの、マヌーリにはマヌーリの、思惑と混迷があった。この旅から、これまでにはあった、出会いを楽しみ旅程を楽しむ漂泊の要素は、なくなったであろう。

フランスの接触

六月五日の旅は、一層ゆっくりしたものになった。この日に重要な訪問者があった。ステインズから一一マイルのブレントフォード（図26）の、旅籠の二階に登ってきたのは、駐英フランス大使ルイ・クレールからの使者、ラ・シェネイ書記官であった。シェネイは大使が会いたがっているといった。ここでは具合が悪い、今晩ロンドンの自宅に来てください。[56]ローリーは後で、彼に会ったのは認めたが、フランス政府と交渉した末の出来事ではなかったと強調した。[57]

フランス側にとって、ローリーは国家の利益になる人物だったから、ギアナ行のときも、ローリーを受け入れようとした。ローリーはその時考えた、ギアナでイギリス側がスペイン側と衝突していけないならば、フランス軍にそれをやらせよう。もし衝突してしまったら、そのまま帰国すると罰せられるから、黄金が出ても出なくても、ひとまずフランスに避難しよう。これら二つの目当てから、ローリーはギアナ行のときにフランス政府と交渉した。フランスは応じるつもりだったが、連絡の手違いで実現しなかった。これらの事実が発掘されたとき、ローリー信者が多かった研究者たちに衝撃をあたえた。[58]

フランス政府がなぜ動きだしたかについては、三つの仮説が立てられる。一つは、キングが働きかけた。逃亡は英仏海峡を渡っただけでは終らない。二つは、マヌーリが情報を持ち込んだ。[59]三つは、イギリス政府がシェネイを買収して、ローリーを逃亡という落し穴に、より確実に落し込もうとした。三つ目の可能性は、必ずしも低いとはいえない。政府の公式文書だった『宣言』が、シェネイの訪問のことを、わざわざ「予想しない出来事（accident）が起った[60]」と書いている。人の眼があるなかを、わざわざブレントフォードをシェネイは訪れている。まるで周囲に接触を見せつけるようにして。シェネイは、ローリーが断首された日に、不審死をとげた。不審死をとげる前に、裁判官の家に監禁された。大使ル・クレールの方も、自宅に軟禁されて活動を止められた。フランス政府はこれに報復し、駐仏イギリス大使ベッカーを、自宅に軟禁して取り調べた。[61] 仮にイギリス政府がシェネイを買収していたとしても、シェネイとクレールに対して、同政府はこのような処置を表向きはとったであろう。

一方、ローリーの逃亡計画が、スタックリーのところに、政府側から正式に届けられた。ステインズとロンドンの間で届けられたとスタックリーは述べた。自分は知らぬ顔をしてローリーの逃亡を助けるように振舞ったけれども、逃亡に本気で手を貸したことは絶対になかった、と弁明した。[62]

脱出失敗

翌六日に、ブロード通りの、妻とキングが待っていた妻の家に到着した。三日にソールズベリーを発ってから丸四日かかったが、三日あれば行けていた。ローリーを観察するために、わざと時間をかけたのだろう。さて、到着したその通りは今のオールド・ブロード・ストリートで、リヴァプール・ストリート駅の西南に位置する。[63] スタックリーはローリーから離れなかった。待っていたフランス大使館の二人は、その夜も、次の夜もあらわれなかった。八日の夜にあらわれて、船を用意する、カレーからラ・シェネイに案内させる、と申し出た。船はいらない、あとの案内はありがたくいただく。二人の訪問は早朝に及んだと、キングは記憶していた。キングは今からすぐ出発しようと勧めたが、今からではスタックリーが用意ができないから駄目だ。

脱出は翌九日夜に行われた。事実は小説より奇なりという。脱出行を語るキングの報告文を、筆者の注を混えて、以下に訳出する(64)――

ロンドン塔の船着場（図34）に、二艘の平底渡船（ウェリ）とハートが待っていた。キングが先に行った。後からは、ローリーと従者ロビン、スタックリーと息子が行った。その息子は、自分がローリーと一緒にフランスに行くと見せかけてつれてきた。ローリーは口髭をつけ、緑色のリボンがついた帽子をかぶっていた。一艘にはローリー、ロビン、スタックリーが、他の一艘には、キング、スタックリーの息子、ハートが乗った。四丁のピストルが二艘に分けられた。各々が旅行カバンを持っていた。二〇回ほどオールを漕いだところで、漕ぎ手が「ハーバートさんのボートがさっき下手にいってから戻ってきて、いま後ろにいるようだ」といった。ローリーは心配したが、スタックリーは大丈夫だと励ました。「政府の船に停まれといわれたら、振り切るのか、戻るのか、それを決めておかないと行けない」と、ローリーが怖気ると、漕ぎ手たちも怖気た――「このなかで知っているのはキング船長だけだ。もう行かない」。ローリーはなだめて、「スペイン大使と喧嘩して、ティルベリーからオランダにゆくだけだ。金貨を一〇枚やるから、行け」。グリニッジを過ぎたところで別の渡し船が前を横切った。ローリーが「こっちを見に来た」というと、キングが「とにかくグレイブズンドに着けば大丈夫、あとは私にお任せください」と励ます。漕ぎ手が「もうだめだ、潮が変わってきた、朝までには着けない、パーフリートで降りてもらえば、ハートが馬を手配してくれる」というと、スタックリーは乗り気になったが、キングは「河でないと駄目だ、こんな時刻に馬は用意できる筈がない」と反対した。ウリッジに近づくと、泊っていた二、三艘の小帆船、ケッチにこちらから近づいていって、ハートが「どうもおかしい、私の船ではないようだ」といった。このときローリーは、騙されていると分った。ハートにもスタックリーにも騙されていた、と。ローリーはハートをにらみつけた。ハートが「ティルベリーには私が着くまで船をずっと待たせてありますから」となだめても、聞かずに船を引き返させてしまった。四分の一マイル戻ったところで、また三艘の不審な渡し船が見えた。声をかけてみると、「御用だ」と叫んできた。ハーバートの船の人たちだと見てとったローリーは、スタックリーに向って、「いいか、私はおとなしく監視されている身でいよう。漕ぎ手にはいってくれ、私はスタックリーに捕まっている身だと、そういってくれ」と頼むと、スタックリーはその通りをいった。スタックリーとローリーは顔を寄せ合って相談しあった。どうやったらローリーは捕まらずに家に帰れるか、どうやったらスタックリーはただローリーを見張るためにやってきただけだと信じてもらえるか、文書類を押収するためにやってきただけだと信じてもらえるか、一緒にフランスに行こうとしてはいないと信じてもらえるか。それからローリーは、ポケットからダイヤを散りばめたルビーだったかなんだったか、宝石らしいものをとりだして、もう要らなくなったのでスタックリーに渡すと、スタックリーは大感激してローリーに抱きついた。船が再びグリニッジにかかると、「ローリーの家まではついてゆけない、ここで上陸してもらう」とスタックリーがいいだしたので、みんながそうすると、なんと、別のボートの乗員たちが、同じように上陸するではないか。すぐにハーバートとセントジョンの船員たちだと分った。二人ともローリーにしこたま儲けさせてもらったのに。栈橋にあがったところでスタックリーが私（キング）に、「君は私と一緒にローリーを騙したことにしておけ」というので、意味がわからないままに、そんなことはできないと答えた。そんなことをすれば私の良心が傷つく。世間にも憎まれるだけだ。ローリーに対してもそんな裏切りはできるものか。するとスタックリーは、それなら仕方がない、国王の命令だ、といって私を逮捕し、ハーバートの従者二人に引き渡した。そのあと一同は、夜明けまで酒場に休みにいった。行く途中ローリーはスタックリーに、「こんなことをして、これから君は評判を落すぞ」」、といっているのが聞こえた。私たち二人が朝ロンドン塔に入れられるとき、ローリーが「私はスタックリーとコトレルに騙された。だが君は大丈夫だ、私だけが標的にされてやられたのだ」といってくれた。私はローリーに永久の別れを告げ、ローリーの身はロンドン塔の司直の下に置かれた。ローリーの霊魂が今は天国で安らかでいるのを私は疑わない。

女王の寵臣だったローリー、アイルランドと新大陸への進出に種を播き、スペイン征伐に貢献したローリーは、政府側にいわばはめられて、今度こそは生命を断たれる、囚われの身となった。

毅然としていたローリー

およそ四〇〇年前におきたこの事件が、まるで映画に撮られていたかのように、今日に再現される。このスリリングな内容と鮮明な映像は、ローリー資料のなかでも特異である。ローリーは正しい人だったといって、キングは長い報告を終えている。キングはローリーを、実際より偉くも惨めにも、書いてはいない。人並みに不安におびえている。片方では、ハートをにらみつける威厳を持ち、スタックリーが罪を問われないようにと、他人を思慮っている。スタックリーが正体を顕したあとは、毅然として彼をたしなめている。マヌーリが描いた、一貫して惨めなソールズベリーでのローリーの像と、対照される。ただし、記述が正確だったキングも、自分が逮捕された瞬間は書いても、ローリーが逮捕される瞬間は書いていない。ローリーは陸に上ったところで、正体を顕したスタックリーに逮捕された。キングは主君が欺された果てのその場面を書くのが忍びなかった。霊が天国で安らかでいるとも書いている。記述の客観性が揺るがない範囲で、自分の感情を隠してはいない。読む人の心を浄める資料は、ローリーをめぐる資料のなかでは多くはない。

旅の終り

六月一一日プリマスに一艘で帰着、積荷を横領してから七月一日プリマスを出発（図2）、一度戻ってから七月二二日に再出発、七月二七日シャーボンで死刑を知らされ、ソールズベリーで仮病、『弁明』を書いてから、八月六日ロンドン着、逃亡の途中に逮捕されて同月一〇日ロンドン塔に収監された。ローリーの最後の旅は、収監で終ったとみておきたい。

この旅で旅人は満足から不満足へと至った。なるほど、無知から発見へと至った過程は、リアなど悲劇の主人公たちが辿った道筋と似ているが、ローリーの物語は外界に翻弄されるだけで、自己を発見したものではなかった。発見したものは外界であった。

数奇な日々が仔細にわたって記録されていたので、それらの日々が、一般人に、ローリー研究者に、歴史学者に、それぞれにそれぞれの興味をおこさせる。

（1）Samuel R. Gardiner, *History of England from the Ascension of James I to the Outbreak of the Civil War 1603–1642, vol. v.*（Longmans, 1883）, 198; T. N. Brushfield, *Raleghana*, Part vii, Appendix E（Transactions of the Devonshire Association for the Advancement of Science, Literature, and Art, 1905）, 112–113.

（2）*Oxford DNB*.

（3）そう語るとローリーの利益になった。櫻井正一郎『サー・ウォルター・ローリー　植民と黄金』（人文書院、二〇〇六）、二六九―二七四。

（4）ローリーの船のほかに、ペニングトン、ジョン・ファーン、サムエル・キングの船――*Letters*, 362.

（5）Edward Edwards, *The Life of Sir Walter Ralegh*（Macmillan, 1868）, I, 362. ペニングトンらが乗った船は、そこで押収されたあと、ギアナのサン・トメ村を略奪して焼いた賠償に、スペイン政府に引き渡された――*Letters*, 372, n. 7.

（6）*Letters*, 358: 'the majority have fled to Ireland'; Paul Hyland, *Ralegh's Last Journey*（HarperCollins, 2003）, 3.

（7）ローリーによると、船員たちはアイルランドのドネゴル湾で降ろしてくれといったが、そこは現地人が狂暴なので、自分の判断でキンセイルで降ろしたのだ、という（*Letters*, 357–358）. ローリーは最初からキンセイルで降ろすつもりであったろう。船員たちを引き取ったキンセイルの関係者を保護するために、仕方なくそこに行った、といったのであろう。ローリーのいつものいい方であった。

（8）Oldys, *The Life of Sir Walter Ralegh*, *Works of Sir Walter Ralegh*（Oxford University Press, 1829）, vol. i, 513.

（9） *Letters*, 361, *n*. 1.

（10） R. G. Marsden, 'The Vice-Admirals of the Coast', *The English Historical Review*, vol. xxii（1907）.

（11） Sir Lewis Stucley, *Apology*, Brushfield, 28.

（12） スタックリーが『弁明』のなかでそういった。本当かどうかは分らない。

（13） *Calender of State Papers Domestic*（*CSPD*）, *1611–1618*, 589.

（14） Youings, *Ralegh's Country*, 28.

（15） サムエル・キング船長の報告文手稿は消失したが、筆記文が Oldys, 513–537 に保存されていた。

（16） Sir Lewis Stucley, *Petition* は本書二〇五頁以下。

（17） 政府が出した *Declaration* は本書一九〇頁以下。

（18） 'A Relation of what has passed and been observed by me since my coming to Sir Walter Ralegh upon Friday 11th Sept, 1618' et. al., V. T. Harlow, *Ralegh's Last Voyage*（The Argonaut Press, 1922）266–271.

（19） 本書六八—一〇八頁。

（20） Oldys, 519.

（21） 本書一一四頁。

（22） ベスは息子カルーに公権を回復させるために、チャールズ一世に四、〇〇〇ポンドを、貸すという名目で贈った。

（23） 'The Examination of Captain Roger North, taken before the Lords at Whitehall, 17 Sept. 1618', Harlow, 258.

（24） 'Fray Pedro Simon's Narrative of Ralegh's Expedition', Harlow, 184–185; Brushfield, 78; Edwards, I, 637.

（25） 'Buckingham to Gondomar, 26 June, 1618', Edwards, I, 651.

（26） *Letters*, 371–373.

(27) *Pells Order Book*, No 18, 1618–19, fos, 176, 366. By Order dated 29 Dec. 1618, Brushfield 110; Edwards, I, 653.
(28) 本書一二九頁。
(29) *CSPD, 1611–1618*, 589.
(30) *CSPD, 1619–1623*, July 21, 1622, 428.
(31) Oldys, 519 ff.
(32) *Pells Order Book, op. cit*; By order dated 9 Nov. 1618, Brushfield 110.
(33) ローリーの義母 Joan の義理の甥にあたった。
(34) アッシュ館の当代館主フランシス・グリーン（Francis Greene）さんによる。
(35) *Acts of the Privy Council*, Jan. 1618–June 1619, 220, arlow, 254.
(36) Oldys, 522.
(37) *Declaration*, Harlow, 347–348.
(38) Sir Lewis Stucley, *Apology*, Brushfield, 28.「ジェイムズからノーントン官房長に宛てた命令が同封してある手紙をノーントンからもらった」ともスタックリーはいっている。
(39) Edwards, I, 659.
(40) この館の歴史については、現代の館主パトリシア・ヤーフェイ（Patricia Jaffé）さんによるパンフレット'The Manor House and its Garden at Clifton Maybank, Dorset'がある。
(41) Oldys, 523.
(42) 一〇月二二日に法務次官（Solicitor General）Sir Julius Caesar がローリーに示した罪状のリストに、このときのことばがあがっていた。——Landsdowne MSS, 1452, f. 396, Hyland, 193.
(43) ロンドン塔の監視人トマス・ウィルソンがローリーから聞き出した——Sir Thomas Wilson, 'A Relation',

Harlow, 269–270.

（44） *Letters*, 71. スタックリーは「ローリーの兄弟の家に入れてやった」（『弁明』、ブラッシュフィールド、二九頁）といっている。ローリーの兄カルーはソールズベリーにダウントン・ハウスを持っていた。ダウントンの町は市内から約七マイル離れており、その家ではなかったのだろう。

（45） Bodleian, Ashmole 1729, f. 177, quoted in *Letters*, 71, n. 9.

（46） Edwards, I, 661.

（47） Harlow, 316–334.

（48） If the ill success of this enterprise of mine had been without example, I should have needed a large discourse and many arguments for my justification. But if the vain attempts of the greatest prices of Europe, both amongst themselves and against the Turk, and in all modern histories left to every eye to peruse, have miscarried, then it is not so strange that myself, being but a private man, and drawing after me the chains and fetters wherewith I had been thirteen years tied in the Tower, being unpardoned, and in disgrace with my sovereign King, have by other men's errors failed in the attempt I undertook.

（49） *Declaration*, Harlow, 352ff.

（50） *Declaration*, Harlow, 348.

（51） Oldys, 532.

（52） マズベリーからクリフトン・メイバンクまでの距離を約四マイルと記している。実際には約二〇マイル。

（53） 『弁明』（本書二〇二―二〇三頁）

（54） Hyland, 121.

（55） Hyland, 122.

（56） *Declaration*, Harlow, 354.
（57） 断首台のスピーチ、本書一四七―一四八頁。
（58） Edwards, I, 596; Schomburgk, *The Discoverie of the Large, Rich and Beautiful Empire of Guiana......* (Hakluyt Society, 1898), 173–174.
（59） Hyland, 181.
（60） Harlow, 354.
（61） Oldys, 531–332.
（62） *Apology*, Brushfield, 29.
（63） ベスの父アーサー・スロックモートンの持家だった。「ブロード通り」の隣に「スロックモートン通り」がある。
（64） Oldys, 534–537.

第二章　ロンドン塔

第一節　ハラスメント

ロンドン塔へ

ロンドン塔に入れられて直ぐに、旅行カバンの中味が調べられた[1]。金製のギアナの偶像。ギアナ製の金が紋章に紐で結び付けられていた。共にプリマスでローリーが横領したものだった。ギアナ産という説明書がつけられた金鉱石。これをフランスに行ってから見せるつもりだった。ギアナとオリノコ河の地図（図36）。この地図は二〇世紀近くになってロンドンの競売場に出てきた。この大事な地図によってギアナを再訪するつもりだった。これらの中味はスタックリーが押収した[2]。

はじめの頃のロンドン塔での生活には自由があった。ロンドン塔のレフテナント（副長官の名だ

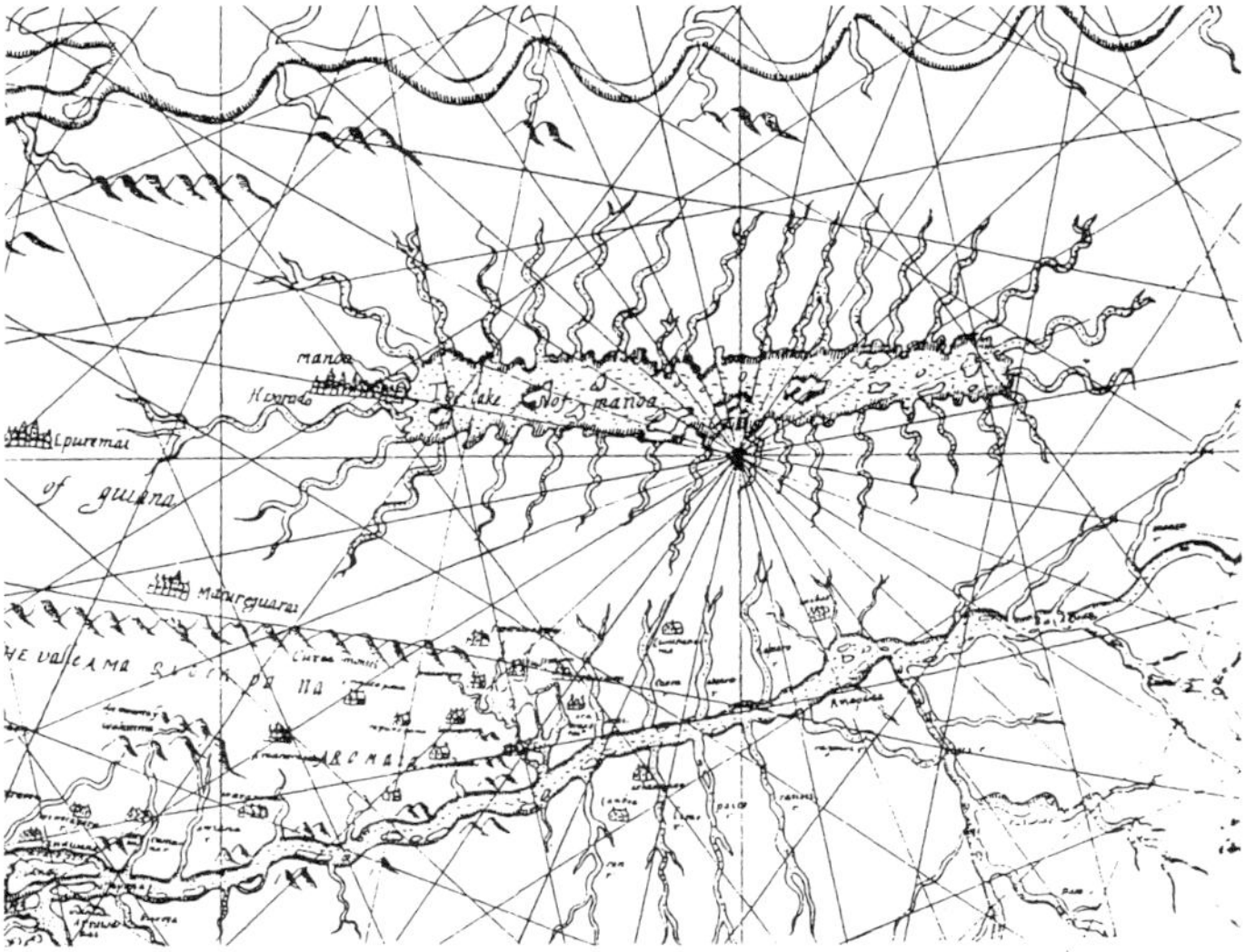

図 36　ギアナ地図（部分）。
上下を逆にして描いている。オリノコ・デルタは普通の地図では右上になる。逆にした理由は、イギリスからやってきて入るときの目に従った。中心を黄金都市マノアにおいている。アマゾン河は実際にはもっと上で本当はこの画面には入らない。原地図はローリーが指示してハリオットが描いたとされている。模写（1906）はブラッシュフィールドによる。

が役目は長官）はローリーの戦友だった。名をサー・アレン・アプスリーといった。カディス遠征とアゾーズ諸島遠征に参加し、ヴァージニア入植に出資した。ローリーが以前に入っていた塔のなかの住居は、かつてジェイムズのお気に入りだったロバート・カーが入っていたので使えなかった。入ったボーシャン塔は、設備が良い住居だった。

政府からの尋問を受け、六人の要人からなる委員会が、八月一七日から少なくとも三回、次の三点について聞き出そうとした。（一）フランスと陰謀を組んだか。（二）本当に金鉱を探しに行ったのか。（三）スペインとの約束を破ってサン・トメ村を自分の方から攻撃したではないか。

ウィルソンが加えたハラスメント

尋問を強化するために、サー・トマス・ウィルソンが監視人（guardian）として送り込まれた。ウィルソンの前歴はスパイだった。一六〇三年の「本・副陰謀事件」を調べるために、セシルがスペインに派遣し、帰国してからサーの称号をあたえられた。[3] ウィルソンは監視を厳しくしてローリーを締め上げた。[4] 住まいも、手紙を出し入れできないようにと、窓が一つのブリック・タワーに換えてしまった。部屋の鍵をとりあげ、従者をいつものロビンからウィルソンの従者にした。妻ベスとの手紙のやりとりを禁じて、要求を互いにメモに書いて、ウィルソンを介して相手に渡すようになった。妻ベスは自宅で監視されつづけ、家具と調度品を差し押さえられ、寝具と家財道具を使わせてもらいたいと、枢密院に直訴までした。このような処遇には、ジェイムズの性向が、直接間接にあらわれていた。ウィルソンは身分がはるかに上のローリーのことを、「偽善家の親玉（arch hypocrite）[5]」「詐欺師の親玉（arch impostor）[6]」と呼んだ。このような口吻《こうふん》は、ジェイムズとその周辺を喜ばすためであった。アプスリーが監視をとりしきっていた頃はそうではなかった。この変化は、ウィルソンがジェイムズとセシルに近かったことがもたらせた。

宮廷はウィルソンを通じてハラスメントを加えて、ローリーへの憎しみを発散させた。憎しみは次のように語られた。これは時の官房長ノーントンがウィルソンに宛てた手紙である。官房長は今の首相にあたる――

君は日ごとにあの偽善者めにせいぜい慣れてもらいたいものだ。あのやつは死んでもらいたい（so desirous to die）。恥さらしもいいところだ、あいつは（mortified man that he is）。あいつに悩まされるのもこの先長くはなかろうと、そういって差し上げるだけが、君へのせめてもの慰めだよ。(7)

エトス（倫理）ではなくパトス（情念）の政治が、ここにはあった。ここにジェイムズ朝の政治の顕著な性質があった。エリザベス女王のもとでの官房長バーリィ卿も、その頃のロバート・セシルも、このようなパトスを政治にもちこまなかった。時代の空気が変わったのを強く感じさせた。

ウィルソンはローリーから、殊にフランス政府との関係を聞き出そうとした。ローリーは巧みに話を逸らしつづけた。ウィルソンは奥の手を出した。自白すればジェイムズから死刑を免じられる、と。ローリーは、恩赦を期待して藁にすがり、ジェイムズに直接手紙を書いて、自分はフランス大使館のル・シェネイと大使のラ・クレールに会ったと認めた。これを認めても、ローリーに対して恩赦は行われなかった。恩赦を約束してはいない、罪人を取り調べるときに許される方法だ、というのが政府側の言い分だった。ここにもジェイムズ朝の性格がのぞける。一〇月四日、九月九日に任命されてから約一ヶ月後に、ウィルソンは「もう任を果たせない、辞めさせてほしい[8]」といいだした。

処刑はイギリスで

一五日に大きな出来事があった。スペイン国王からローリーの処刑はイギリスでやってもらうという連絡があった。直ぐ執行してもらいたいという要求が付いていた[9]。その日のうちにウィルソンは解任された[10]。ローリーを調べている時間はもうない。そもそもは、ローリーはスペインのマドリッドで処刑すると、スペイン国王フィリペ三世とジェイムズの間で合意がなされていた[11]。ローリーはスペインにとっては仇敵であった。アイルランドに上陸したスペインとイタリアの連合軍を全滅させた。カディスでは上陸して町を荒らした。ポルトガル籍の大荷物船を捕らえてスペインに大損害をあたえた。そのうえに今度の衝突があった。もっとも、スペイン大使ゴンドマは、スペインで処刑するとイギリス国内の反感を招くとみて、この合意に対して懸念をいだいていた。懸念はジェイムズのほうにもあった。処刑がスペインで行われれば、ローリーと同郷の西南部の有力者たちが、ジェイムズに対して一層反感をいだくであろう。そうなると、息子チャールズとスペイン王女との結婚話に支障をきたす。この点からジェイムズは、ローリーがスペインで処刑されないうちに、自分でイギリスから逃げ出してもらいたいと願っていた、という観測が生れた[12]。折悪しく、ゴンドマが乗った馬車がイギリスの子供を轢き殺して、ロンドン市民がスペイン大使館に押しかけた。このうえにスペインがローリーをマドリッドで処刑すれば、市民は怒るだろうと懸念された。

スペインで処刑するのは無理である、イギリスでする、となれば、処刑の理由と手順を固めなければならない。そして急がなければならない。これから舞台は、ロンドン塔からウェストミンスターへと移って、早い速度で回ってゆく。

第二節　非公開裁判

避けられた公開裁判

早くも一〇月一八日に、ノーントン官房長など六人からなる委員会が答申をだし[13]、（一）か（二）を選ぶようにと国王に求めた。（一）、ローリーはすでに死刑判決を受けた死人であるから裁判を受ける資格がない。今回のギアナ遠征に関わる罪状を書面で処刑前に明らかにする。（二）、枢密院にローリーを呼び、貴族とジェントルマンから選んだ若干の傍聴人だけを同席させて、罪状認否のあと、裁判官が判決を下す。（一）と（二）のどちらを好まれるか。ジェイムズは（一）と（二）を混合させた。なんらかの裁判は必要である、ただし傍聴人を入れるとローリーの弁舌が危険であるから、それを入れない特別の裁判を行う、死刑執行の前でなく後に『宣言』を発行して、法廷での罪状公開に換える、(14)というものであった。

正式の裁判には傍聴人がいなければならなかった。一六〇三年にウィンチェスターの法廷で行われた、「本・副陰謀事件」に対する裁判では、ローリーの堂々たる弁論を傍聴人たちが聞いて、ローリー無実の声が広まった。「最初、人々は、絞首刑にされるのを見にゆくためなら、一〇〇マイルも歩くのを辞さない風だったのに、判決の後は、この人の生命を救うためなら、一、〇〇〇マイルも歩くのを辞さない、と思うようになった(15)」。

国王への反抗

答申が出されてから四日後の一〇月二二日、ローリーは枢密院に呼び出された。そこが臨時の裁判所になって、検察側は罪状を告知し、ローリーが反駁した。反駁は許されなかったのではなかった。罪状告知は法務長官のサー・ヘンリー・イェルヴァトンと、法務次官のサー・トマス・コヴェントリが行った。ローリーの反駁が政府側によって記録されていた。断片によるその記録を以下に再現する(16)――

「国王は私をギアナに行かせた時点で、私が治世の最初の年に犯した失敗による罪を、赦してくださったとばかり思っておりました。国王は、ウィンチェスターではミドルセックス地域の裁判官を使いたくなかった、と仰せだったとも伺っております。昔アーケラウスもいいました、もしサイシアンスの人たちに裁かれなかったら、自分は無罪になっていたであろう、と」。「ロンドン塔で医者から聞いたのですが、あのとき私を裁いたゴーディ判事は、死の床にあって、サー・ウォルター・ローリーを有罪にしたときほど、イングランドの裁判が尊厳と正義を失ったときはほかにはなかった、と述べたそうであります」。「では、まず長官がなされた告知にお答えしよう。私は本気で金鉱を探そうとした。精錬器をもっていった。二、〇〇〇ポンドもした道具ももっていった。私はキーミス船長が金鉱を見つけてくれると信じていた。精錬技術者たちも同じだった。つれていった兵隊たちは、サン・トメを攻撃するためではなく、サン・トメと金鉱との間に配置して、私の部下が黄金を探して掘り出す労働を、スペイン人に邪魔させないようにするためだった」。「部下を捨てるつもりはなかった」。「スペインの財宝船を襲おうとしたと仰っしゃるが、場合によってはそれをせよと勧めたのは、枢密院の主だったメンバーの方々だったではありませんか。スペインとの和平に反対していたウィンウッド官房長を含めた、枢密院の方々だったではありませんか。艦隊を襲ってもよい、カトリックのフィリペ王の領土を攻撃してもよい、そうすれば二国に互いへの不信をいだかせられる、それだけでなく、二国の間が決裂するきっかけをつくれるから、と、枢密院の方々が、助言し、説得されたではありませんか[17]。「次に、法務次官がなされた告知に対しては、このように申しあげる。逃亡しようとしたのは、サー・ルイス・スタックリーに拘束されてから後のことです。そうしようとしたのはすでに認めております。しかし、それより前にそれをしたことはありません。私が仮病を使い気が狂ったふりをしたのは認めます。かつてダヴィデ王も、生命が危機に晒されたときには、狂気を装いました。王を信頼していたのに裏切られた、とは確かに申しましたが、いわれているような、国王を傷つけるような悪口を、いった覚えはありません」。

この記録は研究界に出回らなかった。ハーロゥがこれをはじめて提示したとき、珍しく一部しか提示しなかったためであろう。しかし今日、このように十分の長さでそれが提示されるようになったので、以下の三点がここから明らかになっている。

まず、ローリーはこのように、十分に弁明する機会が与えられていた。正統な裁判の手続が、まがりなりにも守られていたのであった。次に、自分の主張を、まるでシンフォニーを奏でるように、展開しながら繰り返すことができていた。すなわち、この弁明は、ソールズベリーで書いた『弁明』の内容を繰り返し、やがて行なわれる断首台でのスピーチの内容を先取していた。限られた聞き手に対してではあったが、言論の自由が与えられていた。たまたまではあったが、やがて断首台の上で、公衆に向えるようにもなる。三番目はいわゆる「自己成型」をめぐってのことである。ただし以下は『弁明』のときの状況を繰り返すことになる。裁判官を前にしたときの「自己成型」は、筋書に従って無理に演じられたものではなく、ただ事実そのままを、しかし強く述べただけのものであった。

次の呼び出しも早かった。枢密院に呼び出されてから二日後の二四日、ウェストミンスター・ホールにある国王の裁判所、キングズ・ベンチに呼び出されて、一六〇三年の判決によって死刑を執行されること、絞首、腹部切裂、四肢切断でなく、断首によってそれは行われることを告げられた。国家の要人に対しては、絞首とそれに続く切裂などは避けられていた。

敬われたローリー

四日後の二八日、同じキングズ・ベンチに出頭、以後ロンドン塔に戻ることはなかった。出頭したローリーに対して、二人の裁判官は次のように最後の宣告を下した。(18)

まず、前出の法務長官イェルヴァトン、この長官は次のように同情を含めたいい方で、死刑を宣言した――

サー・ウォルター・ローリーは立派な政治家で、役割と能力を思えば気の毒だと受け取られなければならない。彼は世界が仰ぎ見る星であった。しかし星も落ちることがある。いや、属している天空を乱せば、落ちなければならない。

こう述べたイェルヴァトンは、法務長官の地位をえるとき、バッキンガム公の仲介を拒否し、任命は王の権限であるという筋を貫いた人であった[19]。ここで発言を許されたローリーは、メタファーの力にも屈せず、自説を唱えはじめた。昔受けた判決は自分がギアナに行った時点で破棄されたはずだ。

しかしこの抗弁は直ちに遮られた。恩赦があれば書面になる、書面がないから恩赦はなかったのだ、と直言したのは、最高法官のサー・ヘンリー・モンタグであった。ローリーがそれまで一度もいわれたことがない、主我的だったローリーは思いつかなかった、これは法律論だった。モンタグは後に大蔵大臣、また、マンチェスター伯になったが、最高法官の頃は、自由交易を主張するなどリベラルな立場をとり、王との間は是々非々に立てる距離があった[20]。モンタグは続けて、一〇歳年上のローリーに、敬いながら諄々と服従を説いた[21]（抄訳）――

どうかこれから私がいうことをよく聞いていただきたい。あなたに一五年前に下された判決に基づいて、これから死刑を宣言しようとしているのです。長い間あなたは法律の上では死者であり、いつ処刑されてもよい身であられた。けれども、国王は慈悲によって、執行なさらなかった。もしこれから執行がただ冷酷になされるのなら、貴下も辛くお思いであろう。だが、今度はそうではありません。貴下が犯した新しい罪が、国王に法の意識を目覚めさせて、法が以前に貴下に定めたものを生き返るようになされてしまわれたのです。私には分っております、あなたは勇敢で叡智がおありだったのを。今もそれらがおありなのを疑いません。今こそそれらをお使いになるときです。世間は貴下の信仰に疑問を呈しましたが、私は貴下が立派なキリスト者だと信じております。立派な貴下の書物が十分にそのことを語っております。これからは貴下にお説教をするようですが、お説教するまでもなく、貴下の方がご自分からそのようになされるでしょう……。死を怖れすぎるのも、怖れすぎないのも、いけません。怖れすぎると、神様に救われる希望がもてなくなります。怖れすぎないと、空威張りしながら死んでしまいます。最後に、貴下が正しく死んでゆかれるように、また、あなたの霊魂に神様の慈悲が授かりますように、神様にお祈りいたします。これで、執行が宣告されました（Execution is granted）。

一六〇三年に死刑を宣言されたときとはちがっていた。一六〇三年には、モンタグの前任者サー・エドワード・コウクが、ローリーをののしり、罵倒しながら、それを宣言した。今度はカルヴィニストだったモンタグの、人間の力によって、イングランドの法制がもつべき威厳が、保持されたのであった。[22] ローリーを弾劾するだけのこの時の厳しい空気のなかで、前出のイェルヴァトンとこのモンタグの、人道に適った懇篤な諭告は、異例であり、「勇気がいった」と、ある解説（*Oxf. DNB*）は寸評している。すでに述べたように、これまでのいくつかのローリー伝は、ローリーに同情するあまり、ウィルソンが加えたハラスメントには牙を剝いても、モンタグたちが示した礼節を軽くみる傾向があった。

最高法官にこう告げられて、遂に死を覚悟して、次のように願い出るだけであった。このとき、最高法官よりも出席していた枢密院のメンバーを意識していたであろう——

どうかご配慮をいただきたい。直ちに断首されないように願いたい。良心の求めに従って、あることをしたいのです。それは国王陛下が満足なされることです。世間一般が満足することです。死ぬ日にスピーチをさせていただきたいのです。すぐに御前に参ります神様に誓って申しますが、私はかつて国王陛下に不従順だったことは一度もありませんでした。そのことを、地上のどんな王の顔も怖れない場所で、証言したいのです。どうかこの願いが叶えられるよう、お祈りください。

このときすでにスピーチの構想をもっていたのが分る。「すぐに御前に参ります神様に誓って」を、実際に行ったスピーチで何度も口にした。「地上のどんな王の顔も怖れない場所で」は、そのスピーチでは、いずれ分るように、とりわけ重要な意味を帯びた。いずれなされるローリーのスピーチは、国王を満足させるのとは正反対の内容になった。であるのに、国王を満足させることをそこで申し上げたいといっている。このいい方はこのいい方なりに、スピーチの内容がすでに念頭にあるのを示している。公開処刑の場では国王を称えなければならなかった。そのしきたりに従うからとほのめかして、許されないかもしれないスピーチを、ぜひやらせていただきたいと、巧妙に懇願したのであった。

第三節　処刑の前夜

処刑は翌朝に

執行は間を置かず、翌朝と決められた。ロンドン塔に入ってからイギリス国内での執行と決ま

図37　パレス・ヤードの空間。
現在道路になっている空間よりも広い。

るまでが、二ヶ月強（八月一〇日—一〇月一五日）、そう決ってから処刑までが、僅か一四日間であった。

処刑の日のイヴを過すために、ウェストミンスター寺院の今はないゲイトハウスに入れられる。ここには主に処刑前のカトリック信者が入れられ、牢獄にはかわりなかった[23]。東のウェストミンスターから西の寺院ゲイトハウスへは、広場になっているパレス・ヤード（図37）を横切る。このヤードに午後から、断首台とそれを取り囲む野外席が急造された。大きな音が夕方まで続いた。

「遺言覚書」、世事への関心

翌日までに三つのことをこなした。一つは、「遺言覚書（The Testamentary Note）」を書きのこした。書いた覚書には、実は二種類があった。世事を言い遺した「第一[24]」と、スピーチが許されないときのために、スピーチを要約した「第二」とがあった。「第一」と「第二」は、共に処刑の前夜に記しためられたわけではなかった。「第一」の方は、『年代別国家関係文書』によると、死の二週間前、一〇月一五日に書いて、離任するウィルソンに手渡したものであった。(25)「第二」の方は、確かに前夜に書かれた。スピーチが実現したので、この方はここには載せない。「第一」については、執筆の一〇月一五日と処刑前夜との二週間の差は、事柄の本質には影響しないので、いくつかのローリー伝の流儀に従って、便宜上、ここで扱っておく。

「第一」は、次の四つの項目から成っていた——

(一)自分はコフィールド船長に、メアがいうようにシャーボンの領地の一部を貸した覚えはない。

(二)アイルランドの地主ヘンリー・パインに私が以前にしてしまった、モギリ（地名）の城と土地についての、彼に不利な証言は、撤回する。

(三)ギアナ行のときに亡くなった、クリストファ・ハモンの妻とジョン・タルボットの妻を、私の妻ベスが、もし生活に余裕があれば（if she enjoys her goods）、援助してやってほしい。タルボットの妻は、息子が死んだので助けてやらないと死んでしまう。

(四)スタックリーはプリマスでタバコを売ってえた金額を申告せよ。彼にタバコの取り分として認めたのは五分の一だったのに、全部を取ってしまった。彼はテムズ河で日曜にボートに乗ったとき、金品を一〇点私からとって、この金で自分の部下をフランスにやって私と合体させるといったのに、その部下たちを、私を捕えたハーバートと合体させてしまった。

（一）については、シャーボンの領地をローリーが人に貸したとすれば、その部分だけ領地が狭くなる。その部分がローリー家に戻らなくなるのを、貸しはなかったといって防ごうとしている。
（二）については、パインに不利益をもたらせた嘘の証言を撤回しただけでなく、嘘を強いたボイルの不正を公にしている。ローリーはギアナにゆくとき、リチャード・ボイルに一、〇〇〇ポンドを無心した。ボイルは、金は出すが嘘をついてくれと要求した。ボイルはローリーから土地を買いとっていた。その土地はパインが借地権をもっていた。契約通りの借用期間だと、土地はなかなかボイルのものにならなかった。ボイルは借用期間をローリーが実際に契約した期間よりも短い期間だったことにしておけと、ローリーに強要した。強要されて、ローリーは短い期間だったと証言した。その嘘の証言を撤回してパインに詫び、自分の良心を示したかたちを作りながら、もう一つの意図を含ませていた。嘘の証言を強いたボイルへの仕返しであった。自分はもう死ぬから、ボイルとの間の協約はどうでもよくなった。それならば、ボイルの不正を公けにしておこう。
（三）については、妻ベスの財産を、他人への援助ができるほどに、保全したいという目論見が隠されている。妻の財産を減らすような画策はやめてもらいたい。援助してやってくれと頼むのなら、妻だけに言い遺せば済むところであった。

（四）については、スタックリーが行った二つの横領を公開し、併せて、ハーバートに批難が向うように仕組んでいる。

このように（一）から（四）は、死を前にしても変わらない世事への欲求と、辛い目にあわされた相手への復讐心の産物であった。隠れている本意はこのようなものであった。この本意に気がつかない人は、騙そうとしたローリーに騙されて次のように信じてしまう――ローリー様はご自分がついた嘘を正直に告白して、身をきれいにして死のうとしておられる、ローリー様は忠臣の妻の身をそれほど心配しておられる、と。ローリーの言い方に慣れている人は、隠されている本意に慣れている。そのような本意には、ローリーの手紙によって慣れることができる。多くの手紙は、生き馬の眼を抜くような、世事への欲心を内に隠している。以上のような本意はローリーを知る上で重要である。

「第一」の「遺言覚書」にはローリーの実像が現出している。断首台のスピーチで聖者へと「自己」を「成型」するローリーも真実、ここにみられるような狡猾なローリーもまた真実であった。「第二」の「遺言覚書」と、前出の妻への最後の手紙に、片方の真実が、記録されていたのであった。

辞世の歌？

前夜にほかにもたくさんのことをしたとされている。そのなかで、少なくとも二つの辞世の歌を書いたとされている。本当に書いたかどうかが問われる。歌を少し見るだけで答えがでるであろう。まず、前夜に書いたとされて有名になった、次の歌である――

「時」はかくも残酷だ。青春と　悦楽と
所持品いっさいとを、質草として素早くとりあげ、
支払ってくれるものといえば、老いと塵だけ。
われわれがあちらこちらとさまよって
一生の物語を書き上げても、「時」は暗く物音がしない
墓のなかで、物語の頁を閉じてしまう。
でも「時」が支配する地中、その墓、その塵から、
神様が私を起き上らせて下さる、と信じる。[26]

「塵」は聖書での意味に同じ。土のなかで肉体は「塵」になる。二〇年以上前に書いたとされて

いるある歌[27]の結びに、新しく二行が書き加えられている。最後の夜にこの歌を聖書の余白の一頁に書きつけ[28]、翌朝になって夜に教誨に来た後出の寺院長の手に渡ったという。代々のアンソロジーの編者は、ローリーがこれを最後の夜に書いたという説を受け継いできた[29]。受け継いでよいものであろうか。

聖書の余白に書きつけたというお膳立てが出来すぎている。昔に書いた六行を、手元になにもないゲイトハウスで、正確に書けたかどうか。もとになったその六行を、ローリーの作だろうとみる人[30]と、あえてローリーの作かどうかを判定しない人[31]とがいる。作だろうとみた人は、この歌を最初にローリーの作とした、昔のある編者の判定を信用しただけであった。書き加えたという結句二行はどうであろうか。そこでは、肉体の復活を神様が保証してくださるとはいわず、「自分が信じる」、すなわち「自分が請合う（I trust）」といっている。この浅いままの宗教心を、死の前夜という限界状況のなかで、わざわざ表明するものかどうか。思うに、この歌を誰かが、すでにある六行を利用して、ローリーの作として仕立てるのは簡単だった。最後の二行だけを作って加えればすんだ。最後の二行の原文は次のようになっている——

And from which Earth and Grave and Dust,
The Lord shall raise me up I trust

「自分が請合う（I trust）」は、'I' の前にポーズができてしまい、神の意志でなく人間の意志が強調される。自分は復活してやるのだという強い意地が、このときのローリーの心だったとは思われない。少なくとも断首台の上のスピーチと振舞のなかに、そのような意地は伺えない。瀕死でなく、普通の状況であれば、作者の心と作品とは一致しなくてもよい。むしろ一致しない方が良い作品が生れる場合がある。しかし、死を前にしているこのときに、二つが一致しない作品をわざわざ書く必要が、ましてや低次の心を語る作品をわざわざ書く必要が、ローリーにあっただろうか。

　心と作品がとに角一致はしてはいるのが、これまた最後の夜に書いたといわれている、もう一つの歌、次の僅か二行である――

小心者は死を怖れるが、強い勇者は
残り芯に生きのびるよりも、消されるのを望む。(32)

　生命がロウソクの炎に見立てられている。メタファーとしては平凡である。表現は過不足がない。この表現では炎の消え方までを考えさせない。頭が切断される（be cut out, cut off）とは書かずに、ただ炎が消える（be put out）と、他人事を書くかのように死を達観している。この点こそこの二行の見せどころであると受けとられてきている[33]。

ただ、私見を述べれば、ローリーが自分でわざわざこの二行を書いたとみるよりも、処刑が終ったあと、誰かが戯れに、ローリーの作とふれこもうとしたとみる方が、落着くのではなかろうか。この二行もまた、先の八行と同じように、ローリーの死を安易に美化しようとした、俗心の産物ではなかったか。先に見た「第一」の「遺言覚書」にある、実事追求がもつ迫真と、遺作といわれているこれら二作が言っている内容にある、一種の通俗とが、対照をなしている。「第一」にあった、あのように激しい実利の追求の方が、かえって通俗を越えている。

ローリーが前夜に書いたとふれこんで別人が書いた、誰にでも書ける、これらの二作ではなかろうか。

何人にも会った？

前夜にしたことの三つ目は、多数の人々に会ったといわれている。親族として兄のカルー。異父兄でシャーボン邸を設計してくれたエイドリアン・ギルバート。二人はウィルッシャとドーセット在住であり、会ったのであればこのときロンドンにいたのであろう。親族フランシス・サインが、朝四時に。フランシスはウィルッシャ在住であり、彼もロンドンにいたのであろうか。サインの登場はいかにも唐突の感がある。サイン家とローリーとの縁続きは近くはなかった。ローリーの兄カルーの妻の、前夫の家がサイン家であった。ローリーとは二段階血の繋がりがない。一方、サイン家からはロンドン市長が出ていたので、この姓は世間によく知られていた。サインという親族が会いにいったといわれれば、なんとなく疑われにくかったであろう。そのサインは、ローリーとこんな会話を交わしたとされている。ローリーが妙に陽気なのをサインがとがめて、「あまりはしゃいでおられると、そこを敵に利用されますよ」というと、ローリーは、「この世の最後だから陽気にしているのだ。悲しい役どころになったら、十分悲しんでみせるよ（When I come to the sad parting, you will see me grave enough）」。ローリーがいったというこの名セリフを聞かせるためだけに、代々のローリー伝がサインの訪問を書き続けたのではなかろうか。[35]

処刑前夜にやったと語られている事柄には、以上に見てきたように怪しげなものが多い。説話らしいことと、説話らしいと思われずにそのままにされてきたこと、冷静なローリー研究に資するのは、それらのことである。

教誨師を感心させる

ただし以下は説話ではない。ウェストミンスター寺院の主任司祭、ロバート・トーンサンが、二度会いに行った。死刑囚が処刑の前に、必ず受けなければならない教誨を、授けるためであった。

一度目の訪問のときのローリーの様子を、トーンサンはこう伝えた――「彼ほど死を怖れていない人はいなかった。異常な大胆さはなにか空ろな根拠からきてはいないか、もし空威張や死の無視から来ているならば、大いに悲しむべきことだ、と教えてやった。すると彼はこう答えた、『本心から愉快になって勇敢に死ねる人は、神の愛と好意が分っているのだ。分っていない人が外見だけ陽気で、心の中で喜んではいないのだ』。そういうようなことを次々と私に語って、私はこれなら大丈夫だと満足した（大意）」[36]。ここでは死刑囚が教誨師になっている。トーンサンが、国王を称えよとは諭していないのに、注意しておきたい。中世以来、ことに国事犯は、公開処刑のとき国王を称えなければならず、一六〇二年に処刑されたエセックスも、そうしながら死んだ。

零時に妻ベスが訪れたという。話あったことは、スピーチを許されなかったときの対策、死体の埋葬場所のこと、といわれている。胴体の方は自分にもらえるようになったと妻がいうと、生きている間は一緒にいられなかったから、お前さんは喜んでいいではないかと答えたという[37]。死体はスロックモートン家の墓所がある、ロンドンから近いベディントンにもってゆくからと、ベスはベディントンにいた兄宛に手紙で頼んでいた[38]。前出のように、妻に宛てたローリーの最後の手紙は、実務的なことであった。妻との最後の時間も、このように実務的なことの処理に費やされたらしい。ありうることであった。

トーンサンが朝五時に二度目に訪れた。パンとブドウ酒を授ける聖餐の儀式のためだった。儀式が終ると、いよいよであるのにローリーはあいかわらず陽気で、「自分は無実のまま死んでゆくのを明らかにするのだ」という。「そんなことをすると国家の法に逆らうことになるからよくない」とトーンサン。「いや、なに、法に従っているからこそこれから死ぬのだ。だが、無実を語ることは許される[39]」。「法の判断に逆らうからよくない」、とトーンサンは諭しても、国王を称えなさいとは諭さなかった。諭さなかったのは、ローリーの強い態度に半ばの原因があるにしても、国王を称えるように導くという務めが、教誨師にこの頃すでに強くは求められなくなっていたことに、残り半ばの原因があろう。後に詳しくとりあげるように、公開処刑は国王を称える儀式だったと、フランスのミシェル・フーコーは指摘した。けれども、国王を称えながら死んだエセックスの処刑（一六〇一）から一六年が経ったこのローリーの処刑では、処刑の前にすでに、フーコーがいったような儀式に、この処刑がなる気配はなかった。

処刑の前夜に行ったと語られていることを、全部行ったとは思われない。以前から練っていたとみられるスピーチの想を反復して練っていた。スピーチが許されないときのために「第二」の「遺言覚書」を記ためた。妻に会った。主任司祭に二度会った。これらのことは必ず行なった。

旅にでるかのように

聖餐の儀式も終った。最後の刻が近づいてきた。トーンサンによると、「ローリーは朝食をたくさんとり、パイプ煙草を楽しんだ。死ににゆくのに、まるでこれから旅にでるかのようだった」[40]。服装は黒のビロード地の外套、ブロンド色のチョッキ（胴衣）、その下に黒の刺繡入りのベスト、黒のタフタ地のズボン、白の襞襟、灰色の絹のストッキング。このような衣装のいくつかは口絵のローリー像が参考になる。指にはエリザベス女王から賜ったダイヤの指輪。毛髪は櫛づけられ、頭にまず毛のナイトキャップ、その上に帽子をかぶった[41]。白ワインを飲んだ。それを囚人は処刑前に必ず飲んだ。

トーンサンと二人の役人に導かれて、盛装した六四歳の囚人は、一〇月二九日朝八時、断首台までおよそ一五〇メートルの、寒気の中に入っていった。

（1）Edwards, II, 496.
（2）Edwards, I, 673.
（3）Edwards, I, 680–682; *Oxf. DNB*.
（4）Edwards, I, 682–686.
（5）'Wilson to the King', Sept.30, *CSPD, 1611–1618*, 579.

(6) 'Wilson to the King', Sept. 18, *CSPD, 1611–1618*, 573.

(7) PRO *State Papers Domestic, James I*, 49: 11, Brushfield, 30.

(8) 'Sir Thomas Wilson to the King', Oct. 4, *CSPD, 1611–1618*, 583.

(9) 'King of Spain to Sanchez de Ulloa', Edwards, I, 688.

(10) Edwards, I, 688.

(11) 'The King of Spain to Julian Sanchez de Ulloa', Sept. 26, *CSPD, 1611–1618*, 577.

(12) オーブリー『名士小伝』、橋口稔、小池銈訳、冨山房百科文庫、一七四頁、および、Hyland, 152.

(13) *Letter from the Commissioners to the King*, Brushfield, Appendix C, 31–32.

(14) *James I to the Commissioners for the Examination of Sir Walter Raleigh*, Brushfield, Appendix D, 33.

(15) William Stebbing, *Sir Walter Ralegh: a Biography* (Oxford at the Clarendon Press, 1892), 230.

(16) 記録長官（Master of Rolls）だった Sir Julius Caesar がとったメモ書（Lansdowne MSS, 142, f. 396）を、Hyland（194–196）が写したものに基づく。Harlow, 300 はごく一部を収めている。注（17）で示した部分は、元のメモには含まれていなかったであろう。

(17) 枢密院のメンバーが勧めたではないか、というこの部分の反駁は、イタリア人が本国に送った報告文だけが記述していた。ローリーがこの通りを語ったかどうかは疑わしい。カトリック枢国側の憶測だったであろう。——*CSP, Venice, 1617–1619*, 339; Harlow, 301–302.

(18) Hargrave (ed.), *Collection of State Trials*, vol. viii, App. No. iv, Harlow, 302–304.

(19) *Oxf. DNB*.

(20) *Oxf. DNB*.

(21) 注（18）を参照。

(22) ただし、モンタグとローリーとは接点があった。モンタグは「ヴァージニア・カンパニー」に出資し、カンパニーの支配人（director）になって、ローリーが準備した植民事業に参加していた。
(23) Stebbing, 372.
(24) Edwards, II, 494–495; Harlow, 284.
(25) *CSPD, 1611–1618*, Oct. 15?, 585.
(26) Even such is Time, which takes in trust
Our Youth, our Joys, and all we have
And payes us but with age and dust,
Who in the dark and silent grave
When we have wandered all our ways,
Shuts up the story of our days:
And from which Earth and Grave and Dust,
The Lord shall raise me up I trust.
—Agnes Latham, *The Poems of Sir Walter Ralegh* (Houghton Niffin Co., 1929).
(27) ‘Nature that washed her hands in milk’.
(28) オーブリー『名士小伝』、一七五頁。Latham, 167.
(29) Latham, 166.
(30) Latham, 170.
(31) Michael Rudick, *The Poems of Sir Walter Ralegh, A Historical Edition* (Arizona Board of Regents for Arizona State University, 1999), 173.

（32） Cowards fear to Die, but Courage stout,
Rather than Live in Snuff, will be put out.
—Latham, 65.

（33） Oldys, 556.

（34） Latham はローリーの作という先人の見方を受け継ぎ、Rudick はローリーの作かどうかを決めていない。

（35） Edwards, I, 694.

（36） 'Dr. Robert Tounson to John Isham', Edwards, II, 489–492.

（37） Stebbing, 373.

（38） Edwards, II, 413.

（39） 'Dr. Robert Tounson to John Isham', Edwards, II, 491.

（40） 'Dr. Robert Tounson to John Isham', Edwards, II, 491.

（41） Stebbing, 375.

第三章　断　首

第一節　断首台のスピーチ

サンクロフトの手稿

断首台に登って、できないかもしれないと思っていたスピーチができた。スピーチは八時過ぎから四五分間に及んだ。このスピーチがイギリスのその後の歴史に影響をあたえたのであった。スピーチとそのときの振舞を、当時の記録によって、とりもなおさず再現してみよう。処刑は公開で行われ、処刑場に居合わせた人々が一部始終を書き留めていた。書き留めていた手稿は三二篇が残っている。(1) それほどの大事件であった。一部始終を再現するにあたって、準拠する手稿を、カンタベリー寺院の司祭、ウィリアム・サンクロフトが記した手稿とする。以前から知られていた手稿だが、近年に二つの発見があったので、その手稿が信用できるようになったと本書は見る。

トマス・ハリオットはローリーの仲間であった。オックスフォード時代にローリーを知ったらしく、長い間にわたって行動を共にした。ローリーの最期を見に来ていたその友は、ローリーが台上で語った事柄の、項目だけをメモにして残していた(2)。これが一九七四年に発見された。用紙は二つ折紙を縦に切り裁いたもので、よれよれになっていた。いかにも掌の上に用紙をのせて、台上の友を見ながらメモをとったらしかった。判読しにくい書体からすると、目の前で展開していた事態に衝撃を受けていたのであろう。項目の内容をここに記さないが、項目の数は1から12まであった。項目だけを書き留めたものであったから、項目に書き落としはなかったであろう。また、項目の順序を間違って記入することも少なかったであろう。スピーチを書き写した数多い手稿のなかには、ハリオットが書き留めた項目を欠いているものがある(3)。また、ハリオットが記していた順序とは違いが大きいものがある(4)。

ところが、ハリオットの全項目を含み、順序にずれが少ない(1、2、3、4、6、11、5、7、8、9、10、12)手稿が、ハリオットのメモがまだ発見されていなかった、一九五一年に、公表されていた(5)。これが第一の発見であった。スピーチを淡々と記録し、仕草、振舞についての記述は、ありはするがほかよりも少ない。「エルムズの記録」と呼ばれている手稿であった。エルムズはロンドン市の司書であり(6)、ロンドン市が記録のためにプロを派遣したのであろう。諸手稿が作りあげうる系譜の中で、元初に属する性質を、「エルムズの記録」はもっていた。

この手稿と、これまでに知られていた「サンクロフト司祭による手稿」(7)とを較べてみると、項目の順序が同じであり、文章が同一である部分が極めて多い。文章が異なる部分は稀であるほどである。他方、「サンクロフト手稿」には、「エルムズの記録」には含まれていない、主に仕草、振舞についての記述が含まれている。これらから判断すると、「エルムズの記録」が先にあり、「サンクロフト手稿」が、「エルムズの記録」またはそれを筆写した第三の手稿を、写しながら、主に仕草、振舞についての部分を補充して、成ったのであろう。二つの稿を比較することによって、まず、「サンクロフト手稿」は高い信頼度がえられる。種本が信頼できるからである。次に、「サンクロフト手稿」にしか含まれていない、補足の部分が明らかになった。補足している部分については、明らかな恣意の部分を除くと、信頼度は高い。なぜなら、スピーチを補足している個所は、「エルムズの記録」の理解を深めてくれる態のものである。仕草を補足している個所は、他稿と較べると地味な仕草に留まっている。仕草の描写には、語る人の思い入れが加わりやすく、稿が新しくなるにつれて仕草が派手になっていった。

本書はこれからスピーチを訳出するにあたって、「サンクロフト手稿」に準拠し、「エルムズの記録」には含まれていない、「サンクロフト手稿」だけに含まれている個所を、カッコでくくって示すことにする。こうしておけば、「エルムズの記録」をも、事実上表出することができる。

スピーチの全訳

一六一八年一〇月二九日朝八時頃、サンクロフト司祭によると、サー・ウォルター・ローリーは、

二人のロンドン市の役人に導かれ、ウェストミンスター寺院主任司祭に付き添われて、オールド・パレスヤードに設けられた断首台につれてこられた。場所は柵で囲まれているせいもあって、中に入っていた観衆の数は相当の数のように見えた。（柵の外で立っていた人たちが後から述べたところによると、群衆は「大群衆」といってよいほどだった。）（サー・ウォルターが通ってゆくと、無帽で丸ハゲの頭を出して立っている敬虔そうな顔付の男に気づいた。その顔に声をかけながら、帽子の下にかぶっていたレース編みのナイトキャップを脱いでその老人にやって、「あなたは私よりもこれを必要としておられる」といった。[8]）ローリーは観衆に押され、揉まれたので、やっと断首台に登ったときは、息を切らし、意識をなくしそうだったが、しばらくして背中が伸び、表情には笑いが見えるようになった。まず、目に入ったたくさんの貴族、友人たちに挨拶した。主だった貴族のうち、アランデル公、オックスフォード公、ノーザンプトン公はバルコニーに立っていた。ダンキャスター公の子息、

ウィンザー公が見えた。シェフィールド公は馬に乗り、リチャード・サックヴィル卿、セシル将軍、ヘンリー・リッチ卿も見えた。

彼は語りはじめた。自分はロンドン塔の暗い隅で死んだかもしれない。であるのに、今こうして光の中で死のうとしている、この恩恵をお与えくださった神様に深く感謝しております。ところで、私はこの二日間は震えがきている。今これから震えるかどうか分からないが、もし様子がおかしくなったら、どうかそれを私の精神のせいではなく病気のせいにしていただきたい。ここまでいったとき、ランドルフ・カルー邸のバルコニーに立っていた諸公たちに、「私の声が聞こえるか」、と尋ねたところ、「こちらからそこまで行こう」という声がとどき、彼等が断首台の上に登ってきて、ローリーは皆と握手を交したのち、中断したスピーチをまたやりだした。

二つの主な事由が、国王にまちがった情報を与えて、私をここに急に引き出してしまったようです。第一は、私がフランスを相手になにかをしたという事由です。国王がそう思い込んでしまわれたのは、まず、私がプリマスに帰ってきたとき、小船でフランスのロウシェルに渡ろうとしたではないか、次に、ロンドンに着いてから、フランス政府の役人が私の家にやってきたではないか、国王はそういう不審をお持ちだったのです。しかしです、私はこれから神様にお目にかかりたい、イエス様が受難によって私たちに下さる恩恵や安堵をこれからいただきたい、そう願っている身です。神様に誓って申しますが、フランスの国王と駐英大使と役人を相手にしてなにかをしたことは、金輪際ありません。また、フランスからのスパイに会ったことも、金輪際ありません。私がギアナに行くとき、海上でフランス王から手紙をもらったといわれていますが、フランス王のサインや印章を見たことも、金輪際ありません。私はこれから霊魂が救われなければならない身です。神様に誓って申します。フランス政府の役人が家に来ることなど、金輪際知りませんでした。家の廊下ででくわしたときはじめて、向うからやってきたと分ったのでした。ただ今この刻《とき》は、国王を怖れたり国王にへつらいを言う刻ではありません。今、私は死の神の臣下になりました。お仕えする君主は天なる神様です。その神様の裁きの席に、これから直ぐあらわれるのです。（だからどうか皆様は、慈悲のお心で、私がいうことをお聞き入れいただきたい。）嘘なのに本当だと誓うのは罪過です。そんなことはいつやっても大罪です。まして、死ぬるときにやる、直ぐに参上する全能の神様の前でやるのは、世上最大の狂気にして最大の罪です。

　私が咎められているもう一つの事由は、現王について、私がなにか不忠で不名誉で不正直なことばをはいた、というものです。はいたといって私を槍玉にあげているのは、あの浮浪者のフランス人、地球の表てを歩きまわって、定住の地をもたない人物です[9]。ただし、陽気な機知はもっており、薬を使う医療になにほどかの技術をもっているので、この男を私は手元に置いてやったのです。センスもよいからで、けじめのつけ方を買ったからではありません。この男は以前私が窮地に立ったとき、あのソールズベリーで偽証したのです。前日いったことを、翌日にはひっくりかえしたのです。(10) 私はすでに申してきたように、これから直ぐ死ぬ身です。それに天でいただきたいものがありますから、嘘はいえません。私は現王について、不忠で不名誉で不正直なことばをはいたことはありません。（はいていたら神様どうか私の名を「天国で永久に生きる者たちの名簿」からとりはずしていただきたい。）重ねて誓って申しますが、現王について、心のなかでそのようなことを思ったことは、金輪際ありませんでした。ありませんでしたから、あのような俗悪な輩が周りから信用されているのは、少々奇怪であります。

サー・ルイス・スタックリーのことを申し上げると、彼は同郷で親戚であります。そのうえ、今朝私は主任司祭様に聖餐の式を授けていただきましたので、もうスタックリーとあのフランス人を赦しました。でもです。以下の程度のことだけは、私の人様への慈善から申し上げないわけにはゆかない。人様があんな人間を信用なさらないように、警告になるようにと願っているのです。サー・ルイス・スタックリーは、諸侯の前で証言しました。カルー公(11)が私が帰国したとき私に逃げるように指示なされた、私の口からそうなされたと聞いた、と。神様に誓います。カルー公はそんな指示を、金輪際なさらなかった、私はスタックリーにそんな話を、金輪際していない。（スタックリーは次に、カルー公とダンキャスター公が、私が逃げたあと私に会いにフランスまで行ってくださる、私がそういったのを、確かに聞いたと証言している。そんなことは金輪際いわなかった、また金輪際考えもしなかった。）三番目は、私を逃亡させれば彼に一〇、〇〇〇ポンド払う、そう私が手紙でもちかけたといっている。一〇、〇〇〇ポンドどころか一、〇〇〇ポンドも払うといった覚えはない。もしその半分でも私が持っていれば、もっと有効にそれを使ったでしょう。私が手紙に書いたことは、もし一緒に逃げてくれれば、留守中に君が払えなくなる借金は私が払ってやる、そう書いてやっただけでした。逃亡の機会をうかがっていたことについては、私はそれを否定できない。あちこちからこれから事態は難しくなるだろうと聞かされていました。生命《いのち》を救いたかったのです。ソールズベリーで病気を装いました。医術を使って身体を出来物だらけにしました。それは枢密院に出頭するまでに時間がほしかったのです。それを罪ではなかったとしていただきたい。預言者ダヴィデは神様の慈悲を求めて狂気を装い、唾をあごひげに垂れるままにしておきました。それをダヴィデの罪過だとみた記録は知りません。神様は私のしたことをどうか咎めないでいただきたい。出頭を遅らせているうちに免赦をえたいと望んだだけでした。

サー・ルイス・スタックリーが私に加えた危害はこれだけに留まりませんでした。別の危害は、私への関わりはそれほどではないけれども、それを大いに不快に思っています。ロンドンに来る途中で、サー・シドニー・パラム邸に滞留しました。卿は古くからの友人で私を支持してくれたご仁、彼の妻君と私はいとこの間柄です。スタックリーめは、私が彼の家で毒を盛られたといったと、ほのめかし、またはっきりそういったのです。もしそんなことが疑われているとあの君が知ったら、さぞ悲しむでしょう。疑われている料理人といえば、私のところで働いていたから良く知っています、彼は私のためなら千里を駆けてくれる男です。

私のギアナ行については、私が黄金を探しに行くつもりはなかった、ただ釈放されて自由をえたかったのだと、多くの人が思ったけれども、もしそうだったらイギリスに帰ってはこなかった。これから御前に出て行く神様の前で同じことを申しあげますが、私は現王と私自身と出資してくれた仲間とを富ませようと、以前から苦労しつづけ、なおもそれを望みつづけたのです。それなのに、私はキーミスに駄目にされました。彼は意地っ張りで、私の息子が殺され、主《あるじ》の私は赦されていない身であるからと、勝手に理由を作って、金鉱を探そうとしなかった。それで自殺したのです。

私は現王にこう告げ口されました、あいつは無理やりにイギリスに帰らされただけだ、自分からは帰るつもりはなかった、と。はっきり申し上げますが、航海が失敗し、帰国を私が決心したとき、仲間たちが帰国に反対して謀反をおこしたのです。彼らは武器庫を占拠し、私を個室に閉じ込め、イギリスには帰るな、帰らないと約束するまで謀反をやめない、仲間のなかの四人は追われる身だから、四人の免赦を政府からとってくれないうちはそれをやめない、そう言い張ったのです。それで私は免赦をとると約束しました。アイルランドにまず行って北側に上陸するのを彼らは望んだのですが、私はそれを避けました。そのあたりには凶暴な現地人がいましたから。だから南側に着いたのです。そこから現王に手紙を書いて、免赦の手続きをしてやろうという算段でした。上陸してしばらくして、別の提案をしました。ひとまずデボンとコンワルの某所につれてゆこう、免赦がおりるまでそこに匿ってもらってはどうか、と提案したのです。

これをいったところでローリーは、断首台に立っていたアランデル公の方を向いてこう述べた。ありがたいことにアランデル公がここにおられる。ギアナ行の船に乗ったとき公と多数の部下が船に来られて、私は別れの挨拶をした。そのとき公は私を脇に呼ばれてから、ある事柄を確かめたいので、本心を答えてくれよといわれた。航海が成功しても失敗しても、私がイギリスに帰ってくるだろうな、間違いないだろうな、と確かめられた。私は、約束します、帰ることを誓います、と答えたのです。

ローリーがこういいおえると、アランデル公が口を開いた。「その通りあなたは誓われた、別れるときにその通りを私は確かに聞いた」。ローリーは群衆に向きなおって、瑣末なことについて少し意見を述べた。（その航海についてはほかのことでも私は批難されていますが、それらはここではとりあげないでおきます。）そのあとスピーチをこう締めくくったのだった。

お役人からあと少し時間をいただいて、もう一点だけ語らせていただきたい。次のように私が讒言されているのを聞くと、心がはり裂けます。この私が友人だったエセックス公を嘲笑って、処刑されるときタバコを吹かしていた、私がそんなひどいことをしたといわれているのです。神様に誓って申しますが、彼が死ぬとき私の目から涙があふれ出ました。これから神様にお会いするときのことを思い定めて申しますが、エセックス公は処刑のとき、私の顔をご覧になれなかった。武器庫にいた私の方は、遠かったが姿は見えていた。あの人は私の姿が見えておられなかった。亡くなったとき私が間近にはいなかったので、あとで私は何度も心を痛めているのです。あとになって知りましたが、亡くなるとき、私と仲直りしたいといってくださったそうですから。確かに私は彼とは党派が違いました。でも、エセックス公は心潔いジェントルマンだと分っていました。彼が亡くなったあと自分の境遇は不具合になると分っていました。私が彼と敵対するように仕組んだ人たちが、今度は表てに出てきて、直《じか》に私と敵対するようになりました。（このエセックスに関する話は、ローリーがウェストミンスターの主任司祭とゲイトハウスで話し合っていたとき、主任司祭が話しておくようにとローリーに命じたものであった。）

そこまで話し終えると、彼はこれからお祈りをするといい、非常に真剣になって、ここにおられる方々全員に私の祈りに参加していただきたいと願い出た。それからこう祈った。私はこれまで実にたくさんの罪を犯してまいりました。それらを神様どうかお赦しくださいますように。長い間にわたりましたが、私の通ってきた道は虚飾の道でございました。航海者、武士、宮廷人でありましたが、どの道においても、そこで少しでも成功しようという気にさせられますと、健全な精神をだめにしてしまい、善良な人間ではいられなくなるものでございます。（直ぐ続けてこう祈った、私は英国国教会の教えを信じながら死んでゆきます、どうか救世主キリストが流された御血と慈悲を授けていただいて、私の罪が洗い浄められますように。）

執行吏が膝まずいて、これから執行する自分の務めについて赦しを乞うた。ローリーは両手を彼の肩にかけて、心の底から赦すといった。そのついでに、斧を見せてくれないかといった。（直ぐに見せなかったので促さなければならなかった。）指を刃に当てて鋭さを確かめて、（斧に口づけしながら）いった、これは私を怖がらせはしない。（これは良く効く薬で、私の病気の全部をたちどころに治してくれる。）そういってから、私がこれから両手を拡げたら、それを打ち降ろしてくれ、と頼んだ。

もう一度断首台の右と左を向いてお別れの挨拶をし、（これから最後のお祈りをしてくださるようにと全員に頼んだ。）執行吏は今まで斧を隠していた自分の外套を脱いで、ローリーがヴェルヴェットの上着を脱いでからその上に膝まづけるように、脱いだ外套を拡げて台の上に敷いた。ローリーはいよいよ膝まづいて、（お祈りの姿勢をとり、祈りのあとは頸が落とされるだけになった。周りの気配には、執行吏にいつもの動作をたじろがせるようなものがあった。ローリーが両手を拡げたとき、執行吏は打ち降ろせなかった。ローリーはまた拡げた。また打ち降ろせなかった。ローリーは、なにを怖れている、さあ、打て、打て、と促した。）横になった胴体は彫像のように微動だにしなかった。（唇には祈りをささげているかのような動きが見られた。）それから頭部が落ちた。二度打たれたが、一度目で絶命した。

頭部が台の両側の観衆に見せられた。（観衆は長い間息をこらせて沈黙していた。誰もが衝撃を受けているさまがよく見てとれた。観衆のなかの一人が、こんな人の頸を落したらもうおしまいだ、とつぶやいた。別のひとが賛成し、この頸が官房長の両肩の上に座ればいいのに、と付け加えた。官房長とはバッキンガムの傀儡であるノーントンのことで、脳味噌に自分の味噌がないのが自分でも分っている。）(12)

頭部は赤い革袋に入れられ、胴体は断首台で着ていた上着にくるまれて、ローリー夫人のもとに届けられた。

第二節　スピーチの特徴

世論を急転させる

ローリーはこのあと崇拝され聖者にされた。急転してそのようになった。処刑前のローリーの評判は、エリザベス女王に遠のけられた頃（一五九二年以降）に較べれば、余程改善されてはいた。ロンドン塔に一三年間閉じこめられていた頃は、ローリーを見ようと塔にやってきた見物人から敬愛されてはいた。しかしながら、その頃になっても崇拝されるには程遠かった。世論を急転させたこのスピーチは、シェイクスピア劇の登場人物たちの演説と較べられる。アントニーの演説は、群衆の心をシーザー賞讃からシーザー憎しに急変させた。イアーゴゥの弁舌は、勇将オセロゥを嫉妬の鬼に変えた。ヘンリー五世の、部下を鼓舞した熱弁は、アジンコートの決戦で形勢の不利を一挙に覆した。

これは作品である

ローリーのスピーチは、ローリーが創った作品であった。スピーチをこれから客観的に分析してゆくと、そのことが分る。スピーチが観衆を感動させた仕組を探ってゆくと、そのことが判然とする。

スピーチは、本題に入る前に、神様のことを二度語っている。ロンドン塔の中の暗い部屋ではなく、明るい陽の中で死ねるようにしてくださった神様に感謝する。これからもし震えがきてもそれは神様を怖れている震えではない。他方、本論に入ってから、数々の嫌疑を打ち消す反証をローリーはなにも持っていない。ただ、神様に誓って嘘をいわない、自分はやっていない、というだけである。本題に入る前に二度神様の方を向いておいて、神様しか頼れない、この説法の土台をこしらえていた。

次に、「金輪際ない」と記しておいた'never','neither'が、原文では文頭に四度揃えられている。多くの手稿がそうなっている。反証を持たない語り手が神様の次に頼ったのが、この修辞であった。修辞としてはむしろ平凡であるだけに、聞く人は安心しながら麻酔にかけられてしまう。立ち入っておくと、このような強引な語り方の裏にはよく嘘が隠されている。ここでもそれが隠されていた。ローリーはフランス側に手を回していた。たまたま果たせなかっただけだった。エセックスの死をやはり喜んでいた。しかしそのような嘘を指摘してゆくことは今の目的ではない。スピーチを聞いていた一般の観衆は嘘だとは知らなかった。観衆の前にあったのは颯爽たるこのスピーチだけであった。

断首台に登るまでは、人混みをかき分けて息をきらして進まなければならなかった。多分後からそう描写したのであろう。これによってこれからのスピーチが待ち望まれるようになった。

なにか「不忠で不名誉で不正直な（disloyal, dishonourable, or dishonest）」ことばを、現王について私がはいたといわれているが、「不忠で不名誉で不正直な」ことばをはいた覚えはない、という。音がきたない単語からなっている同じ句を、このように重ねると、自分が責められたときに使われたことばでありながら、相手がきたない嘘をいったときに使ったかのように聞こえて、相手の医師マヌーリを強く責める効果が生れている。

スパイだったマヌーリについては、「あのフランス人」というだけで一度も名前をあげていない。自分との格のちがいを示しつつ、彼を無視するねらいがあった。より大きなねらいは、直後に繰りひろげられるスタックリーへの攻撃を、より激しくするためであった。マヌーリの名前を一度もいわなかったのに、スタックリーの名前を、「サー・ルイス・スタックリー」を三回、「スタックリー」だけを三回、発している。六回耳に響かされると、こちらもローリーと一緒にこの人を強く憎んでしまう。

次に、自分はもう赦しているが、皆様のためを思ってお耳に入れておく、という言い方は、巧妙である。あなたのために申し上げておくといって、オセロゥを嫉妬の鬼に変えてゆく、あのイアーゴゥの論法にここは似ている。巧みなのはそれだけではない。スタックリーが自分に加えた極悪非道ぶりを並べ、最後に自分にでなく友人パラムに加えられた非道を語って、恨みが決して個人的なものでないという印象を、聞く人に与えようとした。イアーゴゥもまた自分が義人のようにふるまった。ローリーの巧みな煽動は成功して、ローリーの死後世人はスタックリーに執拗な攻撃を加えた。

観衆の一人アランデル公に、自分のスピーチに参加させている。ギアナに行ったとき自分ははじめからイギリスに帰るつもりだった、フランスに逃げるつもりはなかった、そのことはここにいるアランデル公に聞いてもらえば分る、と。アランデル公はその通りだと受けて、ローリーのスピーチに参加した。芝居では、たとえばシェイクスピア作『真夏の夜の夢』の劇中劇のように、観客に劇に参加させて劇を絵空事でなくす。ローリーのフランス行は実は計画としてあった。アランデル公はそれを知らないだけだった。危ない主張をするときローリーは観客の力を借りた。もしアランデル公が台の上ではなく台の下に立っていて、台上に声を上げていれば、アランデル公という観客の、劇への参加は、一層効果が上がったであろう。

頸が落されるまでに、スピーチには二つの山場がある。第一の山にはエセックスが出てくる。エセックスはエリザベス女王に処刑されたあとも依然として大衆には人気があった。ローリーはその人気を利用して自分の人気を作り上げようとした。自分はエセックスが死んだとき泣いた、以前から彼を敬愛していた、彼がいなくなったら困ると思っていた……しかし実際には、ローリーはエセックスを憎み、エセックスを誹謗した手紙も残っている(13)。エセックスの登場で出世が滞り、死んで退場してから近衛隊長に戻れた。こういう事実には蓋をしていた。エセックスはローリーよりも格上だった。ところがこのスピーチを聞いていると、ローリーの方が格上だったという印象をいつの間にか持たされてしまう。エセックスが死ぬとき、私が姿を見せてやれなかったのは悪かった、見せてやれば彼は私の眼をみながら赦してくれたといえたであろうに――。ローリーの方からエセックスに赦しを乞うていたであろう。最後のスピーチとは、当時そういうものでなければならなかった。なお、スピーチでわざわざエセックスのことを語ったのは、ウェストミンスター寺院の主任司祭にそうしろと命じられたからだと、語り手のサンクロフト司祭が付け加えて、国教会に我田引水を計っている。国教会関係者はローリーの不遜を言わなかった。それどころか、ローリーのスピーチと振舞いを、主任司祭は絶讃した(14)。

最後の山では、生涯にわたった虚飾という罪が告白される。当時処刑前に行われたスピーチでは、死刑の理由になった個々の罪ではなく、万人が陥りやすい、一般的な罪を犯したことが告白されて、神の赦しが乞われた。なるべく多くの人を祈りに参加させるためであった。ローリーの告白はこの定型に従っている。告白がもたらす効果をローリーは当てにしていた。ローリーはいった、「長い間にわたりましたが、私が通ってきた道は、虚飾の道でした。航海者、武士、宮廷人でありましたが、どの道においても少しでも成功しようという気にさせられると、健全な精神をだめにしてしまい、善良な人間ではいられなくなるものでございます。」原文は次のようになっている。「エルムズの記録」をはじめとする他の手稿も、殆ど同じ表現になっている――

Of a long time, my course was a course of vanity. I have been a seafaring man, a soldier, and a courtier, and in the temptations of the least of these there is enough to overthrow a good mind, and a good man.

声を出して読んでみると、罪の告白でありながら口調は颯爽としている。告白が短く終っているきらいがあるが、颯爽さが短さを埋め合わせている感がある。この告白には難しい表現が一個所含まれている。‘in the temptations of the least of these’ は、難解な中篇詩『シンシア』のなかに入れてもそのまま収まる。「それぞれの道でもう少しでも出世しようという気にならされると」、というような意味であろう。ローリーは真剣になったとき表現が難しくなる傾向があった。この表現を口にしたとき、ローリーは聞き手の理解力と、この部分を語って聴衆から敬愛を引き出すという目的とを、忘れて、自分の過去を語るのに没入していたのであろう。しかしそれは一瞬であった。そのうえ、一瞬の ‘in the temptations of the least of these’ を、音として聞くとき、全体の颯爽とした口調はとぎれてはいない。‘temptations’ にある歯切れが良い音感、‘least’ に置かれる強勢が、颯爽を維持している。多くのローリー伝が、「私は虚飾の道を歩いてきた」と告白したこの数行をとりあげている。この部分の告白が成功したことを後世が証明したのであった。なお、自分の罪を告白しているはずであるのに、「健全な精神をだめにしてしまい、善良な人間でいられなくなるものです」と、宮廷人なら誰もが陥る罪に転化しているところ、やはりローリーはただものではなかった。スピーチは二つの山を越え、いよいよ断首台に横たわる刻が近づいた。

舞台が大詰めになると、スピーチよりも振舞によって、この囚人は讃美された。「エルムズの記録」には書かれていない振舞、仕草を、「サンクロフト手稿」は描いている。仕草の描写は各稿によって違いが大きく、人の口を経るにつれて、より興味をいだかせるように誇張されていった。「刃をしらべた」（「エルムズの記録」）が、「刃は病気を治してくれる薬だ」（「サンクロフト手稿」など）に成長した。「まず左を向いて、次に右を向いて、観衆に挨拶した」（「エルムズの記録」）がおそらく元になって、「頭は左を向いても右を向いてもかまわない」に成長した。すなわち、「それでは頭の向きが反対です（エルサレムの方を向いていません）」と執行吏がいうと、「人間が正しければ（right）、頭が左を向いていようと右（right）を向いていようとかまうものではない」と、ローリーが応じたと語られるようになった。この行状とセリフは、多くのローリー伝に採用されて、きわめて有名になった。しかし「エルムズの記録」にはない、「サンクロフトの手稿」にもないのを、ここで確認しておきたい。執行吏が斧を打ちおろすのを一度だけ躊躇したと語られたあと、二度躊躇したという手稿が現れた。頭が落ちる前に、胴体が微動だにしなかった、唇は祈りを唱えていたようだった（「サンクロフト手稿」）と語られたあと、頭が落ちた後で、胴体が痙攣しなかった、唇がまだ動いて祈っていた、という手稿（「サー・ジョン・エリオットの手稿」）[15]が現れた。

なお、以下のことにもここで注意を向けておきたい。同じような発育、成長が、別の分野でもおこっていた。ローリーの死後、ローリーが書いた主に政治文書が、読み手の目的に適うように、読み手によって発育させられていった。発育しきった文書も、広い意味ではローリー作のテキストだと受けとる立場がある。[16]この立場をとると、変型され、育成されたローリーの仕草、振舞も、広い意味ではローリーが実際にそうしたとみて差し支えないのであろうか。仕草がひとたびテキストになってしまえば、というのであろうか。

さて、断首台でなされたスピーチは、緻密な構想と仕掛けの産物だった。その目的は説得、誘導、煽動にあった。そのような目的と構想は、ローリーが書いた、詩を含む殆ど総ての文書にみられる。すなわち、そのスピーチは作品であって、事実を語ったものではなかった。この点が重要である。このような性質をもっているスピーチについて、かつてガードナーという歴史学者が、すでに一八八三年に次のように書いた――「ローリーが語ったスピーチは、こちらがもっている限りの知識で判断すると、一語一語にいたるまで、作ったものとしての真実（literaly true）であって、事実に基づいた真実ではなかった。一語一語は数多くの個所において、聞き手に虚偽の彫印

(false impression)を押そうという目的のために、計算されたものだった」[17]。イギリスの歴史に影響を与えたローリーのスピーチ、その実体は、このようなものであった。

内容を総括する

本書はここまでで、分析によってこのような実体を帰納してきた。作品とみられるスピーチの、特徴をここに総括しておきたい。

スピーチ、正確にいえばスピーチと振舞は、逆境を転じて好機にしている。そこでの主張は過激であり、単独者の主張の風がある。すなわち、無実の罪で死んでゆく自分を英雄と見ている。また、権力からの独立と自由を陰に強弁している。敬神を過度に語ることによって、国王への反抗を隠している。主張は過激であっても、主張を表現するときは、自分の言説と行動を完全にコントロールしている。また、詩作品に用いるような修辞を用いている。モラルとしての価値と共に、美的な価値を、この作品はもっている。十分に準備されたにちがいない、緻密な構想に基づいている。

グリーンブラットの原拠

これは作品であるという、このスピーチの実体が、英国ルネッサンス研究の一つの趨勢が産まれるときに関わったのであった。先に引用したガードナーの見解を言い換えると、スピーチという実生活のなかの行為が、頭の中に描いた筋書を実現させた、作品に等しかった、となる。さて、スティーヴン・グリーンブラットの第二作は『サー・ウォルター・ローリー、ルネサンス人と役割(Roles)』(一九七三年)、その巻頭の章は「ローリーの最後の演技(Performance)」、この章は最後のスピーチと振舞を「宣言(declaration)」の一語に纏めながら、その「宣言」をとりあげている。その「宣言」は、とグリーンブラットはいう、ローリーという役者が、最後の場面(scenes)で、役割を念願通りに果たした、演技であった。演技をするにあたってローリーは、「実際に起った諸事実を巧みに変更するように操作(manipulate)した」のであり、「宣言」が成功したのは、「レトリックによる行為として成功したのだ[18]」。このように述べたとき、グリーンブラットは、自身が注で明示しているように、ガードナーの見解をとり入れていた。「宣言」が作品だったというガードナーの見解と、「宣言」は役者が役割を演じたものだったというグリーンブラットの見解とは、紙一重の間にある。ガードナーの見解は、一八八三年に公表されてから、長い間にわたってなぜかとりあげられなかった。その見解を九〇年後にとりあげ、役割を演ずるという新しい革袋に入れたのが、グリーンブラットであった[19]。

グリーンブラットが、既出のような意味での「作品を作ること」に、'the fashioning of the self'、あるいは、'self-fashioning'という語句を当てているのは良く知られている。この語句は、「ローリーの最後の演技」のなかでもすでに多用されている。ところで、'self' には、西欧文化のなかでは、特別な意味がある。その意味は、グリーンブラットの 'self' を理解するうえで有用である。「セルフ」とは、ネオ・プラトニズムが、「彼」と区別して「彼自身」といったときの、「自身」に相当する。「彼」のなかでも「自身」は、神様が支配している霊魂（soul）から成り、自然が支配している「肉体」と対立する部分である。したがって「自身」は、「彼」のなかで精神性を持つとされた。さらに、「成型する」は、ヨーロッパの精神史のうえで、祈りによって霊魂を作ってゆく、イグナティウス・ロヨラの「霊操（spiritual exercise）」にも関連づけられよう。「霊操」は、一定の期間、キリストの行動を瞑想して、霊魂を「成型」する修業であった。

さて、死に臨んだときの「セルフ」とは、「立派な死（a good death）」を演じられる「セルフ」のことである。ところがグリーンブラットは、成型され達成された「セルフ」だけでなく、成型される前の、いわば素材のままの「セルフ」にも関心を寄せた。「立派な死」を演じたことでは、ローリーはトマス・モアに似ていたけれども、しかし、とグリーンブラットはいった、「立派な死」を演じるという役割を奪ってしまうと、それでもモアは依然としてキリスト者であったけれども、ローリーはただの「虚ろな地獄の深淵（abyss）」だった。「立派な死」を見事に演じたローリーに向けられた、これは究極のローリー論とみられる[20]。

この論を以下で展開しておきたい。ローリーは断首台の上でキリスト者としての「自己」を

「成型」したが、それとは別に、国王に反抗する「自己」をも「成型」した。この場合、元の「自己」、素材としての「自己」には、キリスト者のときのそれとちがって、実質があった。散文『弁明』でも、一〇月二二日の特別裁判所でも、「成型」を試みた、素材としての「自己」のことである。ジェイムズへの反抗は、ローリーに一貫しており、ローリーに膠着していた。ただし、国王への反抗は、『弁明』のなかでも、特別裁判所のなかでも、断首台の上でも、国家のためを思った公共心の産物よりも、利己心の産物という要素がより強かった。切迫した状況の下で、個我の境を越えられなかった。反抗心の方には実質はあったが、それは利己心から発していた。その反抗の場合に、「演技」をとり除いた素材としての「自己」がいたところ、「実質」がいたところは、やはり、グリーンブラットがいった、「虚ろな地獄の深淵」であったといえるであろう。利己心こそ、ローリーが脱出できなかった、「深淵」であった。

第三節　スピーチの意味

台上のコンヴェンション（慣例）

これまではスピーチと振舞を内側から見て、それらを性格づけてきた。これからは外側から、すなわち当時のスピーチと仕草についてのコンヴェンションから見て、このスピーチと仕草を性格づけておきたい。

フランスで中世以降、観衆に公開された処刑は、処刑をとりしきる国王、国家、教会の権威を、観衆に顕示する儀式であった。フランスのミシェル・フーコーがそれを述べてから、(21)英米の研究者が、この言説を好んで受け継ぐようになった。フランスではなくイギリスで公開された処刑について、一七世紀までに行われた処刑には、フーコーの言説がそのまま当てはまる例が確かにあったと見られている。(22)イギリスの当時の公開処刑とはどのようなものであったかを、まず概観する。

処刑台に登った罪人たちは、決まったスピーチと決まった仕草ができるように、しかも心の底からそれらができるように、教化されていた。聖職者が行った教化は、処刑よりも一四、一五週前から行われ、処刑がせまると、聖餐を授けるサクラメントによって完成した。決まったスピーチとはおおよそ以下のようなものであった――自分は国家と国王が定める法に叛いた、神様の法に叛いた、この刑罰に自分は従う、神様が自分を赦してくださるように祈る、国家と国王の弥栄を祈る。この決まった筋書に従ってスピーチが執り行われたので、処刑台は芝居の舞台、囚人は役者に等しかった。処刑のさまはパンフレットか通俗本（Chapbook）になって巷で売られた。役者になる囚人は政治犯よりも巷の極悪犯の方が多かった。より多くの庶民が、仲間の死から学んで、国王と政府と教会に従順になるのが期待された。(23)

しかし、イギリスの一七世紀までのすべての公開処刑が、そのようなものだったわけではなかった。そのような処刑は体制側があくまでも目論んだもので、囚人と観衆が目論み通りに動かない事例があった。処刑を見て教化されたはずの男が翌日に自分の妻を殺した。目論みが成功した事例の方が記録されていた。成功例として記録された筈の事例[24]でも、はたして成功していたかは疑問だとみる人もいた。そうみたウィリアム・キャムデンは、政府お抱えの編年記筆者であったから、フーコーが指摘したような公開処刑を、政府側が必ずしも熱心に実行しようとしてはいなかったのであろう。カトリックのジョン・スタブスが絞首されたあと、いつものやり方で息があるうちに絞首台から降ろされ、まず左手首が、執行吏の不手際で三度かかって切断されると、スタブスは残った右手で帽子をとって「女王万歳」を唱えた。このとき観衆は求められている「万歳」を唱和しなかった。この観衆の沈黙は、体制側への挑戦だったであろうと、キャムデンは受けとっていた[25]。明白に目論み通りにゆかなかった処刑も、体制側によって記録されてはいた。一五八六年におきた「バビントン陰謀事件」の主謀者に対する処刑がそれであった。カトリック側は、スコットランド女王メアリをかつぎだして、エリザベス女王の暗殺を謀った。計画が発覚して処刑された主謀者のうち、まずジョン・サヴェッジは、観衆の面前で逃亡を謀って、体制側の統制力に疑問をいだかせた。次にジョン・バラードは、仲間が釈放されるのを求め、祈りのとき女王に赦しを求めなかった。三人目のエドワード・アビントンは、自分はあくまでもカトリックだといって改宗を拒否し、これ以上問うな、祈りをさせろと要求し、行った祈りは周りには分らないラテン語で、「主よ、私を生かしてください」と叫んだ。主謀者たちは処刑を、体制を讃美するための儀式にはせず、カトリックの正義を見せる機会に転化したのであった。(26) それでも政府側が、彼らの言動を記録に残したのは、彼らの不従順を公表するつもりであった。

さて、フーコーの処刑論に触発された英米の処刑論は、実際の処刑にせよ、芝居のなかの処刑にせよ、体制側の目論みが崩れた例の方を検証する傾向があった。(27) フーコー自身も、体制側の目論みが通用しなかった事例について述べなかったわけではなかった。フーコーはいった、「囚人が台上で、裁判官、法律、政府、宗教をなじり、囚人が好き放題なことを叫ぶと、観衆が喝采し、すっかりカーニバルになって、権威が馬鹿にされ、囚人が英雄になった」。(28) やはりフーコーによると、フランスでは一八世紀になって、体制を危うくするような処刑があらわれ、一九世紀になると、体制側がとりしきる公開処刑は行われなくなった。(29) 一方のチューダー朝とスチュアート朝のイギリスでは、囚人があからさまに大衆の蜂起をうながした処刑はなかった。だから、その時期の処刑を対象にした英米の処刑論は、体制側の統制の下にあったけれども、統制が失われるような方向を、内蔵しているような事例に、自ずから、向かったのであった。

コンヴェンションを崩す

このような公開処刑のコンヴェンション（慣例）の中で、ローリーの公開処刑はどのような特徴をもっていたか。コンヴェンションの中におくと、すでに分かっている特徴が、より鮮明になってくる。処刑の前夜、主任司祭のトーンサンが処刑されるときの心がまえをローリーに説いた。教化にかけた時間は前夜の一刻だけであった。ローリーはトーンサンに、自分は無実であることを述べさせていただくといった。それでは王と法に反抗することになる、公開の処刑で囚人が従うべき定めに反する、とトーンサンが諭すと、自分は法を守っている、だから処刑を甘んじて受けようとしている、ただ、いわれているような罪過を私が犯さなかったことを、法と国王に対してでなく、神様に対してこれから申しあげるのだ、と主張して譲らなかった。神の臣民である自分の良心に従って、発言するのだという。国王の権威には制圧されないというこの主張は、言論の自由の主張でもあった。これはフーコーが正統とみた囚人の態度とは違っていた。その囚人の態度が中世を向いていたのに対して、ローリーの態度は近代を向いていた。ここにローリーのスピーチの正の部分があった。トーンサンがこのようなローリーをさらに諭したとは記されていない。それどころか、トーンサンは執行後に、処刑に臨んだローリーの態度を絶讃している。公開処刑の目的を達成させるために、一六一八年のイギリスの体制側が行った統制は、この程度のものであった。この頃には、国王と国家の弥栄は祈念されなくなっていた。弥栄を祈念されなかったジェイムズは、この処刑のとき、ロンドンを離れてハートフォード州で狩をしていた。狩をしている間に、体制批判を内蔵するスピーチが、観衆に感動をあたえていた。

当時は、法にせよ国王にせよ、それらは神様と一体であると考えられていた。ことにジェイムズ一世が、その考えを強く持っていた。ところが、ローリーは処刑のとき、法と神、国王と神を引き離してしまった。神を盾に使って、それとはっきり気づかれないうちに、国王と法に立ち向かったのであった。「この場に立ったからには、国王に気をつかうわけではありません。ご機嫌をとるわけでもありません。私にとっての至高の権力者は、天なる神様です」と。ローリーが、そんなことはやっていないと弁明したとき、証拠に上げたのは神様だけだった——「神様を前にすれば普段でも嘘はつけない、まして私はこれから直ぐ神様にお目にかかる身だ、どうして嘘をつけようか、その神様に誓って申しあげる、私は金輪際やっていない」。嘘はついていない、私は正しかった、そういって法と国王に反抗したのであった。

神様に従順になるという公開処刑の定石の型だけを援用して、実際には法と国王とに反抗したのがローリーだった。定石を守る囚人すなわち役者と、ローリーという役者とは別人であった。定石を守る役者は、体制への従順を心の中に内在化させられて、厳粛な儀式を心からとり行なった。イギリスではエセックスがそうした。ローリーという役者は、神を盾にして自分は正しいと言い張り、ジェイムズに反抗して、同時に、無神論者だという汚名を拭い去った。

「舞台落ち」を用いる

体制側の目論みをローリーはまた次のようにして崩していった。処刑場に来ていたアランデル公に証言を求めた、あの場面のことである。「自分はギアナに行ってもイギリスに必ず帰ってくると、確かにあなたに約束しただろう、アランデル公、言ってくだされ」と。このときアランデル公は、たまたま処刑台の上に立っていたが、役者が観客に直接話しかけるという、芝居でいう「舞台落ち」がここで生じている。処刑場で生じる「舞台落ち」について、体制側への畏敬の念をいだかせなければならない厳粛な処刑の場ではそれは生じなかった、体制側が攻撃されるときにそれは生じた、という見方がある(30)。アランデルが舞台に加わったあの場面では、確かに体制側が攻撃されたに等しかった。芝居の中に招きいれられたトマス・アランデルは貴族であったが、彼が芝居に参加するのを見た観衆は、自分たちも芝居に参加しているという感じをもったにちがいない。ローリーは「舞台落ち」という方法を使って、自分の無実を演出するとともに、観客が反体制に向かってゆくように誘導したに等しかった。フーコーが正統とする囚人とは反対の、ローリーは囚人であった。

アランデル公の登場は、これとは別の意味でも重要である。アランデル公にローリーは、自分は約束を守って帰ってきた、といった。ローリーはここで、約束を必ず守るという倫理、名誉を堕す行動はしないという倫理、のことをいっていた。自分は名誉を重んずる文化（honour culture）の中に生きている人間だ、アランデル公よ、あなたもそうだから私のことは分るはずだ——。ここにはそのときのジェイムズ朝への批判と、名誉を重んじたエリザベス朝への懐旧が含まれていた。

悪の部分

自分を罪に追いこんだ憎い相手を赦すというのが、処刑台のスピーチの定石であった。法が下した判決を従順に受け入れるために、この赦しはなくてはならなかった。ローリーも一応はこの定石にしたがって、「今朝主任司祭様からサクラメントの儀式を授かったから、スタックリーとあのフランス人の医者を私はもう赦しています」といった。こういって観衆を安心させておいてから、ローリーは逆のことを仕掛けてゆく。「でもです、以下のような最少限のことはどうしても申しあげておかなければならない。この人物がどの程度に信じられるかについて申しあげておけば、これからのご参考になるというものです」。こう転じたあと、スタックリーの悪業を語るのに、スピーチのなかで最も長い時間をかけた。この執拗さは、スタックリーをこれから人前に出られないようにしておこうとするものであった。皆様のために申しあげておくと恩をきせながら、スタックリーを憎むように観衆を誘導してゆく、この説法は、『オセロゥ』のなかでイアーゴゥが、あなたのために申しあげておくといって、オセロゥにデズデモーナの不貞を信じこませてしまう、あの魔法に通じている。スタックリーを傷つけているこの部分は、演説のなかの、これまでよりもっと重視されてよい、負の、悪の、部分である。過去の出来事を描くこの部分でローリーは、イアーゴゥであった。ついでながら、当時実際にいた人物が、当時の芝居の登場人物と照応する場合が多い。

巧妙な国王攻撃

処刑台のスピーチの定石は、国王への尊敬を旨としている。ローリーのスピーチは国王について、「私は王の悪口を言った覚えはない。そもそもそんなことをいう心をいだいたことがないのだ」（大意）と述べただけですませていた。定石では、ことに絶命する直前に、国王の安泰を祈ることになっている。カトリックのスタブスが左手首を切られたあと、右手で帽子をとって、あの時は皮肉をこめて、「女王万歳」を唱えた、あの祈りである。ローリーは断首される直前に、観衆に向かって願った。「これまでの人生は虚飾の人生でした。私の罪が神様に赦されますように、祈りに加わっていただきたい」。ところが、この後ジェイムズの治世の弥栄を祈らないままに、断首を執行吏にうながした。ジェイムズが無視されたのだった。口に出しては馬鹿にされてはいないが、無視されつづけたのであった。国王を讃えるという定石に、ローリーは巧妙に逆らった。

シェイクスピア作『ジュリアス・シーザー』のなかで、「シーザーは立派な人物だった」といい続けながら、群衆をシーザー糾弾に導いてゆく、アントニーのあの演説に、いくらかは通じている。

ローリーのスピーチは、体制に寄り添うように見せかけながら、実質は体制に対立していた。王権への抵抗は、見かけとはちがって、スピーチの底に、重く大きい塊になって潜在していた。この塊を、公開処刑のコンヴェンションから見ると、潜在していたものが顕在してくる。ローリーのスピーチが、イギリス近代史のなかでもっていた、積極的な意義を一言でいうならば、早い時期における王権への抵抗にあった。

反王権運動に影響

この抵抗が、その後のイギリスの反王権運動に幾らかの影響を与えていった。

かつて高名な歴史学者がこう述べた――「ローリーの幽霊がスチュアート家を追いかけて断首台にやってしまった」（G・M・トレヴェリアン）[31]。「断首台にやった」のは、直接にはチャールズ一世であった。チャールズ一世が一六四九年に処刑されて、「ピューリタン革命」が終った。その処刑をトレヴェリアンは、ローリーの幽霊の仕業だといった。ただし他方で、ジェイムズ一世がローリーを処刑したので、神様の摂理がはたらいて、チャールズ一世が処刑されたともいわれた。

次に、幽霊が「断首台にやった」とトレヴェリアンがいったとき、間接には、ローリーの幽霊がスチュアート朝全体を消滅させたといっていた。一六八八年にジェイムズ二世がフランスに亡命、無血の「名誉革命」が成立し、スチュアート朝が消滅した。いうまでもなく、ローリーの処刑だけがスチュアート朝を消滅させたのではなかった。トレヴェリアンは、「ローリーの幽霊がスチュアート朝を終らせた」という逸話を作って楽しんでいるのであり、まるでローリーの幽霊がトレヴェリアンに出て、トレヴェリアンにそのように書かせたかのようであった。

処刑が逸話を作りやすかったように、処刑があたえた影響も、このように逸話を作りやすかった。その影響がいつまで及んだと見るかは、厳密に見る場合と、逸話による誇張が入る場合とで、ずれが生じる。厳密に見る場合は、直ぐ後で紹介するように、一六五〇年代までと見られている。トレヴェリアンは「名誉革命」（一六八八）に影響が及んだと見たが、そう見たのは、一つには逸話による誇張により、また一つには「名誉革命」のとらえ方によった。トレヴェリアンはホイッグ派史観に立ち、「名誉革命」を議会と法が中心になる民主制の淵源だったと見た。つまり、「名誉革命」で王権の制限が達成されたと見た。しかし今日では、「名誉革命」はそのような進歩を達成しなかったと見られるようになった。(32) 王権の制限は、一八世紀を経て遠く一九世紀になってはじめて達成されたとみられるようになった。一九世紀になってしまえば、ローリーの姿はもう見えなくなる。

影響のあたえ方として、直接的で分りやすいのは、処刑を見てスピーチと振舞に感動した人たちの、その後の反王権運動であった。

まず、感動したとき二六歳だったジョン・エリオット。彼が書いた処刑の記録（本書一六三頁）は、『国家関係文書』に収録された。ローリーの散文『対話（*A Dialogue between a counsellor of State and a Justice of Peace*）』（本書一七九頁）に、注を施した。この『対話』を援用しながら、「強制借用金（Forced Loan）」などによる国王側の専制に、激烈な口調で反対して、反対派を主導した。「強制借用金」は議会の承認を経ず、王側は借りても返済しなかったので事実上の課税となった。これらの専制への反対が「権利の請願（Petition of Right）」にいたる道をつけた。また、一六二八年のバッキンガム公暗殺に至る土壌をつくった。翌一六二九年に「三つの決議文（Three Resolutions）」の強行審議を企てて、ロンドン塔に収監された。

次に、処刑を見た時二四歳だったジョン・ハムデン。彼はジョン・エリオットの友人であった。エリオットと共に「強制借用金」に抗議した。「大諫議書（Great Remonstrance）」を起草し、議会を通過させた立役者の一人であった。「大諫議書」は、国王側の奸臣を退けて議会が承認する人物を重臣にしようと要求、また、国教会とその指導者たちの権限を減らすようにと要求、総じて国王側の圧政を指弾するものであり、「ピューリタン革命」を準備した。自身は内戦になってから議会派軍に加わって戦死した（一六四三）。

三人目は、処刑を見た時三五歳だったジョン・ピム。彼は処刑から影響を受けたであろうが、義父とマキャヴェッリから受けた大きい影響に較べると、ピムの伝記が捕捉しにくい種類の、影響であったと思われる。[33] ピムはジョン・エリオットと共に、バッキンガム公を「弾劾」、ジョン・ハムデンと共に、「大諫議書」に深く関わって、国王批判派のリーダーの一人になった。内戦が始まってからは、議会派の財政を担当、スコットランドの力を借りる同盟を実現させた。

影響のあたえ方として、次のような間接的、書誌的なあたえ方もあった。すなわち、スピーチがローリーの他の著作を蘇生させ、新しい意味が著作に与えられ、反王権運動の理論に用いられていった。他の著作とは、『世界の歴史（*The History of the World*）』、『弁明（*Apology*）』、『対話』（前出）、『息子と子孫への訓戒（*Instructions to his son and to Posterity*）』であった。これらの書物の再生を、アナ・ビア著『サー・ウォルター・ローリーと一七世紀の読者』（一九九七）が検証している。ビアが検証したのと同じことを、一八六八年にエドワーズが次のように描写していた――チャールズ一世の議会にはいつも死んだはずのローリーがいた。ローリーが生前に述べていた言葉を、議員たちが口をついては引用していた。この状況は一八世紀の議場でも続いたので、ローリーのどの本から、どのように受けとって引用したかを調べる、引用句辞典と注釈書が出てもおかしくないほどだった。[34] 一方ビアは前述書で、エドワーズが述べたことを次のように理論化して描写している。「一七世紀の読者は、テキストを受動的に受け取りはしなかった。そうではなく、テキスト

(キャノン)と交渉(negociate)し、また交渉しなおして(renegociate)、新しくやってくる政治の案件に役立てていった[35]」。

スピーチに含まれていた王権への反抗という正の部分は、時が進むにつれて成就していったのであった。

このような「交渉」と再生は、エドワーズは一八世紀にまで及んだとみたが、ビアは厳密には一六五〇年代まで続いたと見ている[36]。『世界の歴史』を、オリヴァ・クロムウェルが息子のリチャードに読ませた。『内閣の助言(*Cabinet Council*)』を、ジョン・ミルトンが出版した。『助言』が本当にローリーの著であったかどうかは分からない。ローリーの名前が、読者にとっても出版社にとっても喜ばれていた。ローリーの原典が当時は必ずしも厳密に読まれてはいなかったことを、このミルトンによる出版は示していた。ローリーにできやすかった逸話は、死後に書誌の世界でもできた。

ついでながら、一九世紀になると影響のしかたに変化があった。ローリーは議会制民主主義の祖ではなくなり、大英帝国の発展を背景にして、帝国の祖の一人にされた。二〇世紀になると、主にジャーナリズムが、反帝国主義の立場から、ローリーを槍玉にあげるようになっている。

（1）Beer, *Sir Walter Ralegh and his Readers in the Seventeenth Century*, 184–185. これ以外のスピーチの書誌は、Willard M. Wallace, *Sir Walter Raleigh*（Princeton University Press, 1959）, 315, n. 9 が簡便。注（5）の論文の二一一頁も有用。

（2）B. J. Sokol, 'Thomas Hariot's Notes on Sir Walter Raleigh's Address from the Scaffold', *Manuscripts* 26, Summer 1974, 198–205.

（3）'Mr Thomas Lorkin to Sir Thomas Puchering, Bart', Harlow, 311–314.

（4）'Dr. Robert Tounson to Sir John Isham', Edwards, II, 489–492.

（5）R. H. Bowers, 'Raleigh's Last Speech: The "ELMS" Document', *RES*, July 1951.

（6）Bowers, 210.

（7）Tanner Ms. Bodleian Library, no. 9. ただし *SP* はこれを収録していない。Edwards, I, 698–706 が収録している。

（8）サー・フィリップ・シドニーの有名な、水を兵士に譲った話に似ている。多くの手稿に含まれているが、「エルムズの記録」には、ここで示したように含まれていない。

（9）マヌーリ（Manourie）のこと。

（10）この部分はローリーの勘違い。このように裏切られたのは、コバムに、であった。

（11）妻の兄アーサー・スロックモートンはカルーと改姓していた。ローリーが入ったブロード通りの家はこの兄の持家だった。近くの「スロックモートン通り」は旧姓から。

（12）多数がいだいた処刑への批難を反映していたが、同時に限られた読者に向けてこれを書いているのを示している。

（13）'To Sir Robert Cecil', Feb/Mar. 1600, *Letters*, 185–186.

（14）'Dr. Robert Tounson to Sir John Isham', Edwards, II, 489–492. キリスト者として立派だったといっている。

（15）　この手稿（Monarchy of Man. BL. Harleian Mss 2228）は、筆者は未見だが、PRO *SP James I*; 103/53 となった。「死後に胴体が動かなかった、唇が動いていた」という部分は、以下に引用されている。Raleigh Trevelyan, 552; Gardiner, iii, 151; Harlow, 110.

（16）　Beer, *Sir Walter Ralegh and his Readers in the Seventeenth Century*.

（17）　Gardiner, iii, 156.

（18）　Stephen J. Greenblatt, *Sir Walter Ralegh: The Renaissance Man and His Roles*（Yale University Press, 1973）, 19.

（19）　ただし、グリーンブラットがガードナーの見解を引用したのは、先に本書が引用した個所ではなかった。グリーンブラットが引用したのは、前出の個所と同じ頁に収められている、注のなかの文章である。ガードナーはいう、スピーチのなかで、ローリーが「フランスとの連携について述べている部分は、驚くほど巧妙に語られている。つまり、一語一語をとりたててみると、嘘だとはいえない。にもかかわらず、全体から受ける印象は、完全な嘘である」。ガードナーは前出の個所では、「一語一語は……聞き手に虚偽の彫印を押そうという目的のために、計画されたものだった」と明言、断言していた。この個所の方が、グリーンブラットの立場とよりよく重合するはずであった。

（20）　Greenblatt, 16.

（21）　Michel Foucault, *Discipline & Punish: The Birth of the Prison*, tr. Alan Sheridan（Vintage Press, 1977）, 47ff.

（22）　J. A. Sharpe, '"Last Dying Speeches": Religion, Ideology and Public Execution in Seventeenth-Century England', *Past & Present*, no. 107, May 1985, 166.

（23）　以上は殆どシャープ（22）による。

（24）　Sharpe, 167.

（25）　Roger Sales, 'The Stage, the Scaffold and the Spectators: The Struggle for Power in Marlowe's *Jew of Malta*',

Darrylle Grantley and Peter Roberts (eds), *Christopher Marlowe and English Renaissance Culture* (Ashgate, 1996), 120–121.

（26）Sales, 122.

（27）Sales（1991）の他にCraig A. Bernthal, 'Staging Justice: James I and the Trial Scenes of *Measure for Measure*', *SEL* 32 (1992); Molly Smith, 'The Theatre and the Scaffold: Death as Spectacle in *The Spanish Tragedy*', *SEL* 32 (1992).

（28）Foucault, 60–61.

（29）Foucault, 68.

（30）Stephen Greenblatt, *Shakespeare Negotiations: The Circulation of Social Energy in Renaissance England* (Regents of the University of California, 1988), 135; Molly Smith, 221, 231.

（31）G. M. Trevelyan, *History of England* (London, 1926), 389.

（32）G・M・トレヴェリアン、松村赳訳『イングランド革命』（みすず書房）。同、大野真弓監訳『イギリス史 2』（みすず書房）、一〇八―一〇九頁。

（33）ピムがつけていた日記のなかの、処刑についての記述を、筆者は未見である。処刑がピムに持続的な影響をあたえたかどうかについては、ピムの二つの伝記は、その点について述べていない（J. H. Hexter, *The Reign of King Pym* (Harvard University Press, 1941); W. W. MacDonald, *The Making of an English Revolutionary* (Associated University Presses, 1982).

（34）Edwards, I, 718–719.

（35）Beer, 177.

（36）Beer, 166–172.

第四章　処刑のあと

第一節　讃美と後悔

湧き上がった讃美

時は戻って一六一八年、処刑の直後である。

一〇月二九日に処刑されてから約三週間たって、「なおもロンドンはどこに行ってもサー・ウォルター・ローリーだらけだ。ほとんど毎日似たような姿が現われる。色んなバラッドのなかにもでてくる」(1)。宮廷人たちの間でも賞讃の声が高まった。「まるで今から旅にでかけるようにして、ここから刑場に向った」(2)。「彼の態度には始めから最後までおびえたところがなく、まるで執行される人としてではなく、観客として（rather to be a spectator than a sufferer）、刑場にやってきたようだった」(3)。死に臨んだときの「礼節、勇気、敬神は、あれ以上のものを世人に求めることはできない」[4]。スペイン側も讃えた。ローリーの処刑を求めた駐英スペイン大使ゴンドマ、その友人が処刑を見ていて、彼がスペイン王に報告した。「ローリーはまるで結婚式に行くかのように生き生きしながら死んでゆきました。あのローマ人の時代でさえ、あのような光景に出会えたとは思えません」。死後四〇年を経た一六五七年になっても、中味は陳腐とはいえ、追悼歌があらわれた。「貴方の死に方は／羨望と讃嘆の的であった。／あなたの崇高な運命を、／世間はいまだに尊敬するだけで、／模倣できずにいる」[5]。

賞讃されたのと同時に、この処刑が後悔された。「彼の死は反対派に、彼が生きていたときよりももっと大きな害をもたらすだろう」[6]。ロンドン塔でローリーと一緒にいたある貴族がこういったと伝えられた――「ジェイムズの息子とスペイン王の娘の結婚話がうまくゆきそうなら、スペインはローリーを殺さずに一〇、〇〇〇ポンドやって、スペイン王に一〇、〇〇〇ポンドやって、ローリーに話を認めさせればよかった。うまくゆかないとみれば、イギリス側はスペイン王に一〇、〇〇〇ポンドやって、ローリーを殺さないでくれと頼めばよかった（大意）」[7]。「ある」貴族がいったというお膳立てと、作り話めいている中味からも、処刑への後悔もまた、流行していたのが分る。

死に方への賞讃はまた一方で、死へ追いやった人々への憎しみになった。ロンドンでにらみをきかせていたある銀行家が、死刑を決めた人々の一人、官房長ノーントンについて、彼の首の代わりにローリーの首を据えてやりたい、とののしった[8]。同じことをサンクロフト司祭も、スピーチの記録のなかで述べていた。前出のゴンドマの夢枕にあらわれて、彼にローリーの血をそそぐ『サー・ウォルター・ローリーの幽霊、またはイングランドへの警告者』[9]が、一六二六年に出版された。前出のトレヴェリアンの、ローリーの幽霊がでて、という記述は、この題名を下敷にしていた。ローリーを殺させたスペインも憎まれた。スペイン王女との結婚話がつぶれたとき、歓喜した民衆は、篝火を焚いて祝ったと伝えられた。スパイをはたらいてローリーを処刑へと招き入れた、スタックリーがどう追いつめられたかは、やがて詳しくとりあげる。

話は賞讃に戻る。賞讃は生前の生涯全体にも向けられるようになった。以前の悪評判を知っている人には、激変ぶりが「不条理（irrational）」に見えた。激変のすえの絶讃とバランスをとっておくためにも、ここで本書は歩みを停めて、処刑前にあった不評を知っておきたい。次の文の筆者は、激変を「不条理だ」と見た往年のローリー学者ステビング、これだけの要約が書けるローリー学者は今日稀である。「ローリーは宮廷に出てきた頃は皆に心底から嫌われていた。エリザベス時代のどの宮廷人にも浴びせられ勝ちだった汚名が、一人の寵臣に集中して浴びせられたのだった。ややこしいへつらいが好まれなかった。贅沢が誇示と受けとられた。人は良かったが、人の良さには配下への過度な人気取りの気配があった。ライヴァルや目上から馬鹿にされると、彼の方からも同じように馬鹿にして仕返しをした。反帝国主義者たちが指摘したように、外国の陸と海に出ていっても、現地の敵意を鎮めるよりも激化させてしまった。後年に宮廷に定着してしまった彼への反感に対しては、彼の方では苛立ちを爆発させたが、大方は敵意の刃をなおも研いだ。彼等が一度いだいた反感は、好意には変わりにくかった。足蹴にされいじめられたローリーに対して、国家は同情よりも好奇の目を向けた。国家はこれから彼になにをさせようか、彼がなにをしてくれるか、判断しかねた。以前国家は、戦争のためにせよ自分のためにせよ、逆境を切り開いてゆく彼の高い能力に一目置いていたが、いじめられているその彼に、敵意をこそ示さなかったものの、深い同情は表わさなかった。その彼が死んでしまうと、一転して……」(10)。このような不評は、宮廷人などの知識階級がいだいたものであった。急転して湧き上がった讃美もまた、知識階級が主導していた。ステビングがいった「不条理」には、瞬時におこった変化の早さと、冷静であるべき知識階級までもが激変に加わっていたこととに、向けられていたであろう。

スピーチをなぜ許したのか？

宮廷人と民衆の心を一変させたこのスピーチを、それでは政府はなぜ許したのであろうか。処刑前の政府側の関心は、処刑の理由の構築に専ら向けられた。そうであるから、スピーチを許すかどうかについては検討がなされないままに、その日を迎えてしまったのであろうか。それとも、覚悟したうえで許したのであろうか。

覚悟はあったという見方が出されていた。「ジェイムズは小心翼翼としていたが、法をとにかく守る人であった。法廷で弁明するのをローリーに禁じたからには、処刑の場で弁明させせないわけにはゆかないと、ジェイムズは考えていたのだ」（ブラッシュフィールド）[11]。この見方は、その後にとりあげられなかったが、それ以前にこの見方と結びつく見方が出されていた。以前のその見方は、ジェイムズに覚悟があったとはいっていないが、政治に道理が残っていたとみる点では、ブラッシュフィールドの見方と共通している。すなわち、「もし仮にジェイムズがスピーチを禁じていても、処刑を見に来ていた人々、アランデル公、オックスフォード伯、ノーザンプトン伯といった人々の顔ぶれをみると、禁じるのは不当だ、やりたまえ、と、この人たちがスピーチをやらせてしまったであろう。当時のイギリスの貴族階級には、単なる宮廷人以上の、人のなかの人がまだ生きていた（大意）」（エドワーズ）[12]。ブラッシュフィールドもエドワーズも、エリザベス朝に生きていた道義が、一挙には死ななかったとみた。先のブラッシュフィールドの見方は一九〇五年に、後のエドワーズの見方は一八六八年に、それぞれ出されていた。一九〇五年はエドワード朝に、一八六八年はヴィクトリア朝の中期にあり、いずれもイギリスの良き時代であった。これらの時代にあった気品と気概が、二つの見方に反映していたとみられる。

怠慢からやらせてしまった

しかしながら、為政者側が道義によってスピーチを許した可能性よりも、ジェイムズが詰めの甘さによって、判断を停止したまま、その日を迎えてしまった可能性の方が高いであろう。そう判断するには二つの根拠がある。まず、ローリー自身が、スピーチが許されるかどうかに不安をいだいていた。許されなかったときのために、処刑の前夜、スピーチを要約して、「第二」の「遺言覚書」を書き遺していた。[13] もう一つの根拠は、先の根拠に較べれば弱くはある。処刑は朝八時から行われた。公開処刑はいつも早朝に行われた。特別だったのは、その日がロンドン市長を祝うお祭りの日に当たっていた。その日を政府側が無理に選んだといったのがオーブリーであった。[14] 観衆はお祭りに流れて、西のウェストミンスターには来ないだろう、ローリーのスピーチを聞きにくる人は少ないだろう、政府側はそれをあてにしてその日を選んだのだと。公式の資料にはそういう理由が当然ながら残されていない。オーブリーがそれをいって以来、その理由が疑われずに受け入れられてきた。そのような理由で政府側がその日を選んだのであれば、怠慢と並んでいる優柔不断によって、スピーチを許してしまったのであろう。スピーチをやらせないという決断を、政府側は下せなかった。

おそらくジェイムズの判断停止によって、ローリーは念願のスピーチができた。不覚にも掘れてしまった小穴が、絶対王政という大河の、堤防がやがて決壊するのを、助けたことになる。グこの一件は、当時の社会に強まっていたグロテスクの、政治のなかの事例だったと見られる。グロテスクとは姿形の奇異、様態の不条理を表わす。早くからイギリスで処刑すると決まっていれば、スピーチの是否は十分検討されて、結局は許さなかったかもしれない。あわてて処刑したのでスピーチを許してしまった――他国の力が遠く断首台のスピーチにまで結果として及んだ、これもまた、グロテスクの一態とみられよう。

第二節　政府の『宣言』

嘘で書かれた『宣言』

『宣言』(*Declaration*)[15]』は、燃えあがった批難を消そうとして政府から発行された。頭初の目的は判決理由の公開であった。傍聴人を前にしてローリーの罪状を公開しなかった代りに、事後にそれを文書で公開しようというものであった。ところが、政府が処刑を強く批難されたので、目的が公開から弁明に変った。王による政事の弁明は異例であった。「王は説明せず」という法則があった。王は神様だけに向かって政事を行うとみなされていた。イギリスでは王自身が神でもあった。『宣言』は口先ではその法則にこだわった。「我が国の王がローリー対してとられた法的処置の理由を、国王に代って宣言し表明(manifest)するために『宣言』は出された」、といってこだわった。「王は我々が宣言し表明するのを望んでおられる」[16]、および「王は処刑が正しかったと国民が判断してくれるように国民に委ねておられる」[17]は、王の強い介入を隠した苦しい言い分であった。

『宣言』は処刑から一ヶ月経って発行された（一一月二七日）。下書を起草したのはベイコンであった。「国王とノーントンがこれから加筆なさるけれども、国王がそれをもう済まされたとは聞いていない」（ある手紙(18)）からは、加筆者が分り、宮廷人が国王の遅延にとまどっている様子が伺える。やっと国王が検べて、できあがった原稿はあわてて印刷所に廻された。政府直属の印刷所が二晩徹夜して、二〇台の印刷機を動かし、刷り上ったコピーには、印刷機によって異同が生じた。

『宣言』は次のような部分（一）―（五）から成っている。〔下の鍵カッコは原本が各部分にあてているページ数〕

（一）〔七〕　ギアナ行を許可した経緯

ローリーのためを思ってゴンドマの反対を押しきってギアナに行かせてやった。ただし現地でスペインを攻撃すれば死刑にすると言い渡し、それを承知でローリーは出発した。

（二）〔一五〕　許可した任務の内容

政府側が求めたものは、黄金を持ち帰ることでも、侵略、現地人への加害でもなく、交易の下ごしらえだった。また、以前の死刑判決を赦免して行かせたのではなかった。彼の目的は黄金をえるためではなく、ロンドン塔を出るため、自分の財産をつくるためで、そのために多くの仲間を危険に晒させ、財産をつぎ込ませた。

（三）〔一五〕　ギアナでと帰国途中のローリーの行動

現地のサン・トメ村はスペインの領土ではないと決めつけ、最初からその村を獲るつもりでいた。最初からないと思っていたのに、あるといいはる金鉱を、勝手に動かして、奥地にあるから行けなかったと嘘をついた。いよいよ略奪に向かおう、財宝を奪ってから外国に逃げよう、としたが、乗船員が反対して無理やりイギリスに帰国させられただけだ。

（四）〔一四〕　帰国してからの行動

帰国してからすぐ、フランスに逃げようとしたが、闇のために成功しなかった。上京の同行者として加わった医師マヌーリの報告によると、上京途中のソールズベリーで薬を所望して自分から病気になった。病気を世話になった貴族の家で毒を飲まされたせいにした。フランスに逃げるために時間かせぎをしていたのだった。ロンドンに着いてからフランスへの逃亡計画を実行に移した。彼の家にフランス政府筋が出入りした。スタックリーに金を払うと約束し宝石もちらつかせ、フランスまで同行してくれと頼んだ。逃亡の途中でスタックリーによって逮捕され、ロンドン塔に入れられた。

（五）〔四〕　要約と結語

以上によって王の慈悲はありえなかった。一度死刑判決を受けてすでに人でなくなっていたから、新しく法で裁くことはできなかった。未執行の処刑を今度執行すると決めざるをえなかった。この『宣言』は、処刑の正しさ（justice）を王ご自身で納得していただくために、また、スペイン王に対して我が国王の公正さ（uprightness）を明らかにしておくために、書かれた。『宣言』の特色は、醜聞を事細かくリアリスティックに描いているところにあった。この特色がもっとも著しいのは、最も長い（四）の部分である。その部分のなかでもこの特色がとりわけよくあらわれている個所を、以下に紹介しておきたい。この個所[19]は面白くはある。以下は医者マヌーリが証言したこととして語られている。

ソールズベリーに着いてから、ローリーはマヌーリに嘔吐剤を明朝用意してくれと頼んだ。ロンドンに着くまでに時間をかせいで、国王の気持ちが穏やかになるのを待とうという魂胆らしかった。夕方に「頭が痛い、旅で疲れた」といいだし、夕食後には「眼が見えなくなった、頭がクラクラする」といって、顔を片手で覆いながらベッドから立ち上がり、スタックリーに手を引いてもらって歩きだしたが、柱に頭をかなり激しくブッツケたので、スタックリーは本当に病気だと思った。翌朝、ボーイのロビンがスタックリーの部屋に駆け込んできて、「主人が狂った」と叫んだ。スタックリーがいってみると、ローリーはシャツ一枚で四つんばいになって、筵《むしろ》を手で引っかいていた。後でマヌーリには無理にやっているのだといった。朝になって嘔吐剤を飲み込んだ。スタックリーが入室すると狂いはじめ、脚と腕を折り曲げて痙攣し、スタックリーが引っ張り出すと手足は元に戻った。スタックリーは身体をさすって手当てした。後になってマヌーリに「うまくいった」といった。「嘔吐剤がまだ効かないではないか」というので、「大丈夫、もうすぐ効きだすから」と答えると、「恐しい外見になるようにしてくれ」と頼むので、マヌーリは考えてから、肌がハンセン氏病患者のようになる薬を調合した。枢密院の連中が自分に会わなくなればいい、というあてらしかった。そのうち身体がその患者のようになってきた。スタックリーが怖がった。こんなことをしながら、フランスに逃げるために時間を稼いでいるらしかった。私（マヌーリ）がいいだせないので、スタックリーがイーリーの大僧正に頼んで医者を三人呼んでもらったが、それでも原因が分らなかった。尿検査をされるにちがいないといいだすので、ガラス片である物質をこすり取って尿瓶の中に入れてやり、ローリーがそこに小便をすると尿がドス黒くなった。翌二九日に皮膚をもっと悪くしてくれといった。それまでの三日間は食べられないふりをしていたが、今日になってステーキを買ってこいと命じられた。近くのパブ「ホワイトハート（白鹿）」（図32）で買ってくるとそれをきれいに食べた。一人になるとなにか『宣言』か『弁明』のようなものを一生懸命に書いていた。三一日の夕刻に、ここに着く前に泊まったポインティントンの邸宅で毒を盛られたといいだした。そういえば亭主のパラムさんはカトリック信者だった。だから悪いことをしたといいたいのだろう。鏡で自分の姿をみて変りように満足している様子だった。八月に入って、ジェイムズがソールズベリーに所用で来訪した。なにかが心配な様子で、私に二〇クラウンやる、年金に五〇ポンドやるから話を聞いてくれないか、ともちかけてきた。いよいよ私を相手に大きなことをやりだしたのだ。自分はイングランドから脱出する、もしきっかけを与えてくれれば後は自力でやれる、スタックリーはあなたを信じきっているので、あなたに脱出を助けてもらいたい。自分は「それならしばらく友達の家に隠してあげましょう」というと、少し考えてからこういって断った、――もうボートと帆船を雇ってある、妻の自宅にはいれることになった、裏口からこっそり逃げだしてボートに乗る、みんなは歩けないと思っているので必ずうまくゆく――「逃げるなんてそんなことをなされると『弁明』でいわれていることと矛盾しませんか」と私が聞くと、「だまれ、私はただ怖いのだ」とどなった。そのときの剣幕に私は黙らざるをえなかった。

ソールズベリーでのローリーの行動については、ここに引いたマヌーリ医師の証言があるだけである。キング船長はソールズベリーを先に発っていた。

さて、この個所は「ローリーの栄光と威厳を破壊するために、胸くそが悪くなるような細部を刻明に描いている」(ステビング)[20]。国家が出した文書に含まれており、しかもその文書の中で最も長い部分を占めていた。このことが特筆される。誰がこの個所を『宣言』に入れたかは重要である。ある推測によると、「ベイコンのような厳正な法律家が、このような証明ができない話を『宣言』の中に入れたとは考えられない。このような話は叛逆の証拠にはなれないし、どうみても告発を確かなものにするものでもないからである。そればかりでなく、逆の効果をもたらす可能性が高いからである。この個所はたぶん間違いなく、国王が書けと命令したので書いたのだろう」(ブラッシュフィールド)[21]。この推測通りだったのを証明する手紙があった。国王が『宣言』の編集委員会に宛てた手紙のなかで(一〇月二〇日付)、「フランス人医師の証言は極めて実体がある(material)から収録されるべきだとみる」[22]と指示していた。この手紙があればこれだけで事足りるのに、ブラッシュフィールドはわざわざ前段を設けて、用意周到に王の指示だったことを特記した。それほど王の指示が瞠目される事柄であった。このような卑怯な攻撃を、収めるようにと指示したのが王であったとは。それにしても、『宣言』の品位を堕すこと必定のこの王の指示に、反対する編集委員はいなかったのだろうか。普段でもジェイムズに反対することは困難であったが、事がローリーに関わるとき、またスペインに損害をもたらせかねないとき、反対することは至難であった。次のような場面もあった。ローリーがギアナから帰国してすぐに、殺すかどうかが枢密院で計られたとき、殺すと決めていたジェイムズは、その場にいたローリーの友人たちの、声に出さない強い反対を圧殺した[23]。

以下のような二つの事実も、『宣言』の性格を作ったものとして留意される。『宣言』がいっているこことは反対に、ジェイムズは黄金が掘り出されるのを熱望していた。ローリーが金鉱の場所を知っているとみたからこそ行かせた。往復に略奪をしなかったのを、ジェイムズは先に帰ったキャプテンからの報告で知っていた。国王側はこれらを知っていながら、ただローリーを破壊するために、歪曲と分っていて事実を歪曲した。歪曲そのものは、国家のためになされる「王の術策（king craft）」として容認されていた。ただ、ここで行われた歪曲は重度であった。エリザベス女王なら、王の本当の尊厳を保とうとしたから、これほどの歪曲を、事実に対して行うことはありえなかった。過度な「王の術策」が、スチュアート朝が成立して一五年を経ていた、この頃の政治のあり方を示している。もっとも、エリザベス女王のころにローリーが行った、一回目のギアナ遠征のときにも、ローリーはギアナには行かずにコンワルに隠れていた、といった低俗な宮廷雀の中傷はあった。『宣言』の主張は、それと同類の中傷であった。ただ、今度は政府の公文書のなかに、そのような中傷が臆面もなく語られた。『宣言』には、この時代の性格が顕われている。

『宣言』の性格を作るもう一つの事実は、『宣言』が拠った情報源にあった。本命のスパイ、スタックリーの証言は用いられていない。政府がスパイとして送ったのが分ってしまうからだった。その代り、スタックリーが連れてきたので政府との繋がりが二次的だった、マヌーリの証言だけが用いられた。マヌーリは小金を政府からもらっただけの小物のスパイであった。彼は二〇ポンド、スタックリーの評価報酬は九六五ポンドだった[24]。その程度のスパイの証言が、国家の文書の骨格を造った。『宣言』は、時代の性格を知るうえで必須の文献である。

王は批難されなかった

ローリーの処刑を批難した人々は、しかし、矛先を王には向けられなかった。王は後悔しておられるという話を作って、王がまるで処刑を批難する側にいるようなかたちになった。まず第一の話は——

その前の日曜日、サー・ルイス・スタックリーとあの薬屋［マヌーリのこと］が、国王の前に膝まづいて、サー・ウォルター・ローリーについて私どもが追及したことは真実です、これからサクラメントの儀式を受けてその真実を誓いたいのです、と申し出た。ある人の報告によると、そのとき国王は、「ローリーは自分の血によってお前らがいうこととは反対のことを証明してしまった」と答えられた。また別人の報告によると、「もし私が間違いを犯してしまったとすれば、それはお前らのせいだ、ローリーの血をお前らの頭にぶっかけてやりたい」とも答えられた[25]。

「もし私が間違いを犯してしまったとすれば」は、『年代順国家関係文書』のなかに収録されたとき、「もし」が落とされて、「私は間違いを犯してしまった[26]」という断定に変えられた。

もう一つの話では、スタックリーが海軍提督を訪ねて門前払いをくったので、ジェイムズのところに訴えにゆくと、王はスタックリーをこういって退けた——

お前を侮辱する人をだれもかれも絞首刑にしていたら、

吊るす木をイギリス中から取り寄せても足りないだろうよ。

これでは王がかえって拍手喝采される。ちなみにこの話は、ディズレーリ（一八〇四―八一）がとり上げたのを、読者が多かった『ジェントルマン・マガジン』が一八三二年号に再録した[27]。後の時代まで楽しまれた、説話の傑作であった。

国王がスタックリーを拒否したという話が流布したので、国王は攻撃されずに保護された。国王の権力はまだこのように保存されていた時期であった。だからローリーの処刑が、直線的に議会派の台頭を助けたわけではなかった。処刑の直後には、説話が楽しまれていた範囲では、それの台頭を助ける気配はまだ見られなかった。

第三節　スタックリーの『弁明』と『請願』

スパイ、スタックリー

王は憎まれなかったがスタックリーは憎まれた。王が憎まれるわりにスタックリーが激しく憎まれた。ローリーが讃美されればされるほどスタックリーが憎まれた。ローリー崇拝とスタックリー憎悪は同一物の両面だった。

サー・ルイス・スタックリー（Sir Lewis Stucley）（一五七四／五―一六二〇）[28]は、デボン州中央部北寄りで代々続いていた大ジェントリーの家に生れた。大ジェントリーとは中央で地位をもっていたジェントリーの呼び名であった。祖父よりも二代前はヘンリー八世に仕えたナイト、祖父はエリザベス女王に仕えた旗手、叔父の父に有名な宮廷人トマス・スタックリーがいた。

サー・トマスは悪者として有名だった。自分がアイルランド総督になろうとして、スペイン、イタリア、ポルトガルを味方にしてアイルランド占領を画策した。ところが、ポルトガルに渡ってから別の目的に鞍替えして、ポルトガル王セバスチャンと共に北アフリカを攻めた。スペイン、イタリア連合軍は、やっと一五八〇年にアイルランドのスマリックに侵攻したが全滅した。侵攻が遅れたのが失敗の一因であった。個人の利益のために、まずイギリス国家を裏切り、次に法王を裏切った彼は、「貪欲なスタックリー（Lusty Stucley）」として、イギリス近代史に名を残した。このトマスのせいで、サー・ルイスは悪名をよりえやすかった。サー・ルイスにはしかし、一方で叔父にサー・リチャード・グレンヴィルがいた。彼はエリザベス朝イングランドの英雄だった。さて、サー・ルイス自身は、何人もの宮廷人の先祖を倣ねて、広大な荘園を管理する牧歌の生活を継ぐことなく、ロンドンに出て宮廷人になった。一六〇三年ジェイムズ一世が即位したときサーの称号を貰った。ローリーと接触する直前にデボン海軍副提督の地位についた。六〇〇ポンドで地位を買ったが、当時は地位はそのようにしてえるのが普通であった。副提督の任務については本書の六四頁。

副提督スタックリーがローリーがいるプリマスにロンドンから送り込まれた。任務はスパイ行為、すなわちロンドンへと拘引するかたわらの、行動と言動の看視であった。旅の途中でスタックリーは親身になってローリーの世話をし、ローリーの逃亡を助けるように動いた。ロンドンに着いてからはローリーと一緒に海を渡るふりをした。テムズ河を河口に行く途中、スタックリー自らがローリーを逮捕した。以上の顚末はすでにみた。

スタックリー憎まれる

ローリーが捕まったのが八月九日、スタックリーが「憎まれている（decried）」と書かれた手紙は八月二〇日付であった。[29] ʻdecriedʼ とは、主語がよほどの嫌われ方をしていた。ローリーの処刑よりも二ヶ月以上も前のことであった。信頼してくれていたイエスを裏切ったユダとスタックリーが重ねられて、「サー・ユダ（Sir Judas）」と呼ばれるようになった。この呼称の初出は一二月四日であった。[30] 処刑（一〇月二九日）前からそう呼ばれていたかどうかは分らない。「サー・ユダ」は後年のローリー伝がスタックリーを呼ぶときに慣用された。

スタックリーが権力者にののしられたという話がパターンになった。権力者が国王の場合はすでに見た。次の権力者は海軍提督だった。この提督が自邸にいるとき、副提督スタックリーが表敬訪問すると、提督はスタックリーを叱りつけた、という話である――「この卑怯者め、世の中にお前ほど嘲笑われ、軽蔑されている男はほかにないといわれておるではないか、そのお前がこの俺様にお目にかかりたいとはなんたることだ。こんな無礼をしでかしたからには、棒でたたきのめして人様に見せてやりたいが、この家にやって来たから人様がいない、だからやらないだけだ」。[31] 当時の海軍提督には利権が集まり、このときの提督ノッティンガム公も権力者だった。この話はステビングが多分創作だろうと見た。[32] 国王にせよ海軍提督にせよ、スタックリーを叱ったり打ったりする人物としてうってつけであった。そのような人物が持ち出されて、すでに拡がっていたスタックリー攻撃が一層激化していった。

『弁明』を書く

スタックリーは二つの文書を出して対抗した。まず『弁明（*Apology*）』を、一一月一〇日に公表した。印刷には出されなかった。次の『請願（*Petition*）』は、政府が手配した専門の書き手（シャープ神父）がつき、国家が出版した前出の『宣言』と同じ、国王の印刷所で印刷された。[33] その僅か二日後にその『宣言』が刊行された。最初はしばらく間を置いてから刊行するつもりだった。

スタックリーの『弁明』[34]は、自己防衛の書であった。私はただ任務を果たしただけだ。個人的にはローリーが好きだったが、だからといって私が逃亡に手を貸したはずがない。『請願』という表題は本書の方に相応しかった。『弁明』はローリーを攻撃していない。この点に政府は不満をいだいて、『請願』という一種の改作をスタックリーに求めた。なお、『弁明』でも『請願』でも、自分が呼んできたスパイ、マヌーリについては一言もいっていない。これは『宣言』が、政府が雇ったスパイのスタックリーについて一言もいわなかったのと照応する。当時の政治が諜報活動によって動いていた、これらは証拠であった。

次のような結語には、著者スタックリーの特徴が現れている。ローリーの逃亡を誘って罠に落としたという批難に、スタックリーはこう答えた。

自分は彼が好きだったが、好きだったことは第二であり、公の義務に反するものではなかった。彼が逃亡によってえる利益は私には関係がなかった。ましてや彼の逃亡も、彼から金品を受けることも、私には関係がなかった。自分を大切にしたい人ならば、金品を受ければ身を破滅させると分っていた。

この訳文は訳者の語句を加えている。現代の綴りに改めた原文は次のようになっている。注に廻さずにやむをえず本文のなかに掲げておきたい。終りの部分で読者は立ち停まってしまう。このような難文を用いて、スタックリーは人を動かすつもりだった——

Nor can there be given any reason, why my affection to any man should be other than subordinate and not contrary to my public duty: nor were his benefits any thing ever to me, much less his desert, or the opportunity of his favour such as could induce any man that has the conscience to love himself to partake with his ruin.

この文体をエピグラム風という。そもそもエピグラムは、真理を客観的に語り、書斎で読まれるのに適し、多くの読者を同時に動かすのには適さない。あのときの喧騒のなかでは、この雅文体そのものが隔靴掻痒《かっかそうよう》であった。また、雅文体のなかに置いても、特に文末はきびきびした力を欠いている。

本書全体の、口ごもった悠長な文体と併せて判断すると、スタックリーの胸中には、自分ながらまだ煮え切らないものがあったのだろう。一方でローリーの逃亡を本気で助け、他方で任務を果たしたことが、あの時と同じようにいまだに分離したままで、胸中にわだかまっていたのであろう。ローリーならばたとえわだかまっていても、人には見せなかった。直裁に熱烈に、はきはきした文体で、自分が正しかったと見栄を切った。それができなかったスタックリーは、人を動かせなかったが、ローリーよりも正直ではあった。

世評は逆であった。ローリーが正直でスタックリーが嘘つきだといわれた。正直、嘘つきの基準が違っていた。彼の本領は、スパイでありながらローリーに同情してしまい、本気で助けようとしてしまった、人のよさにあった。あのような文体の効果に気がつかない人のよさにあった。人のよさは、しかし、陰徳としてのみ通用し、政治には通用しなかった。人のよさを表に出して、それによって自己を「成型」することなど、できるはずはなかった。ルネッサンス人は「自己成型」したといわれるが、したかどうかは人によった。それができたのは政治人間であった。

『請願』を書かされる

政府にうながされて書いた弁明の第二弾、『請願（*Petition*）』[35]は、ローリーへの弾劾である。長い副題のなかで、受けた「批難」と「中傷」に対して「謙虚な請願」を行うものだといって、弾劾という実体を隠した[36]。

弾劾を箇条書きにしてみると、(一)ローリーは国王の善意を裏切った。(二)エリザベス女王について、ジェイムズ王について、一六〇三年の叛逆罪裁判などについて、悪態を吐いた。(三)ギアナに金鉱があると嘘をついた。(四)カルーと改姓していた義兄のスロックモートンに、あらぬ責任を負わせた。(五)ギアナにゆくとき守るつもりがない誓いをした。(六)ギアナから帰るときトリニダートで部下たちを見棄てようとした。(七)ソールズベリーで仮病をつかって逃亡の準備をした。(八)処刑前日にカトリックの僧侶をつれてきてくれと頼んだ。

(七)を除くすべての項目が糾弾していることを、ローリーはしていなかった。なかでも(八)は、強いスペイン嫌いだったローリーには到底ありえなかった。個人を陥れるために、事実をこれほど歪曲した文書を、なんと政府が出させた。ここに時代の性格が顕われていた。この性格は前出の『宣言』の性格と同じであった。

次に、弾劾を細かに書き込んでいる部分が、『請願』のもう一つの性格を作っている。そのような部分の一つに――

ローリーは確かに死んだときは堂々としていた。その通りだ。でも、刑場につれてこられたときは羊のようだった。捕まったときは自分の凋落と罪の意識から小牛のようだった。死ぬときは堂々としていたが、タイバーンで死んだジェズイットの信者たちだって堂々としていた。なにも変りはないではないか、にせの殉教者を夢みながら死んだ彼らと、騙された民衆からあがる人気を夢みながら死んだあの男とは。[37]

このような個所は、『宣言』のなかの、国王の指示によって書かれた低俗な個所に通じている。本書全体について次のような評価がかつてなされた――「『請願』は『弁明』と同じように中味に乏しい。こんなに低俗なものが政府公認の文書として政府お抱えの印刷所で印刷されて世に出されたのは理解に苦しむ（大意）」（ブラッシュフィールド[38]）。

しかしながら、やはり細かく書き込まれたこのような部分はどうであろうか――

あの男の全人生は単なる欺瞞だった。それは誰でも知っている。死ぬときもそうだった。彼が好まないと誰でも知っていた、神聖な輝きをもっているお方の力を借りて、他人に対していだいていた憎悪を、包み隠してしまった。ウェストミンスターの主任司祭にいわれて、私に慈悲を贈ると約束しておきながら、断首台に立つと、これから生きてゆく人々のためにいっておくと恩を着せて、実はこんなに危険な奴だから気をつけろといったのだ。慈悲は口先だけだったのだ。あの男は最後の悔悛をうまく見せびらかして、死に際に巧言を用いて、人々の同情に乗じて、実は自分の評判を作り上げようとした。同情を使って、できるだけ多く集めておいた人々の心に、煽動の毒を溶け込まそうとした。国王よりも上の名声をえようとした……(39)。

このような見解はローリーに対する卑劣な中傷とは必ずしもいえない。むしろ、真実が語られているとみえる(40)。なかでも、「国王よりも上の名声をえようとした」という一条に注意したい。別の部分でスタックリーがいっている次のような主張と、この一条とは結びつく。すなわち、「もしローリーが、エセックスが死んだときに示した、キリスト信者としての謙譲と赦しを、学びとってさえいたならば、エセックスの従順な悔悛が本物だったと、分っていただろう（大意）」。エセックスの従順の母胎は、国王への従順であった。

『請願』のスタックリーは体制派（ロイヤリスト）であった。『請願』にあった意味はこの点に認められる。王を頂点にもつ秩序が彼の念頭にあった。他方、ローリーのスピーチは王を無視していた。議会中心主義に傾いていたローリーの、それは概して一般的な態度であった。ローリーの革新性または近代性と、スタックリーの保守性、中世志向とは、対照をなした。

スタックリーに『請願』をうながしたジェイムズと、応じてそれを書いたスタックリーとは、民衆の批難が王権に向うのを防ごうとした。民衆は直ぐには王権を批難しなかった。しかし、大きな歴史の流れのなかでみると、スタックリーの『請願』も国王側の『宣言』も、王権がこれから崩落してゆく地すべりを防ぎきれなかった。後代に及ぼした影響からみても、『請願』は『宣言』とともに、ローリーのスピーチには遥かに及ばず、ローリーのスピーチがもっていた力を、改めて示すかたちになった。

ところが、そのスピーチがもっていた力は、悪をも惹起した。そのスピーチが、スタックリーに加えたハラスメントをとりあげて、独立した一章にしたのが、次の第五章である。ローリーが崇拝された蔭でこのようなことが起っていた。スタックリーの受難を見るのは、ローリーに向けられた過ぎた崇拝を見ることである。

（1）'Chamberlain to Carleton', Nov. 21, 1618, *SPD*, James I, ciii, n.102, Brushfield, 14–15.
（2）'Dr. Robert Tounson to Sir John Isham', Edwards, II, 491.
（3）'Lorkin to Puchering', Harlow, 313.
（4）'John Pory to Carleton', Oct. 31, *CSPD, 1611–18*, 588–9.
（5）*Osborne's Memoirs*, Oldys, 566.
（6）'John Pory to Carleton', Oct. 31, *CSPD, 1611–18*, 588–9.

(7) 'John Pory to Carleton', Nov. 7, *CSPD, 1611–18*, 591.

(8) Quoted in Raleigh Trevelyan, 555.

(9) *Sir Walter Raleigh's Ghost, or England's Forewarner.*

(10) Stebbing, 395–396.

(11) Brushfield, 12.

(12) Edwards, I, 698–699.

(13) 'Ralegh's Second Testamentary Note', Edwards, II, 494–495.

(14) 『名士小伝』、一七五頁。

(15) *A Declaration of the Demeanor and Carriage of Sir Walter Raleigh, Knight, as well in his Voyage as in and since his Return; and of the True Motives and Inducements which occasioned his Majesty to proceed in doing Justice upon Him, as hath been done*, J. Spedding, *The Letters and the Life of Francis Bacon* (London, 1861–1874), vol.vi, 384–413; Harlow, 335–356.

(16) Harlow, 335.

(17) Harlow, 355.

(18) 'Chamberlain to Carleton', Nov. 21, 1618, *SPD*, James I, ciii, 102, Brushfield, 15.

(19) Harlow, 349ff.

(20) Stebbing, 393.

(21) Brushfield, 85.

(22) Brushfield, 85.

(23) Martin A. Hume, *Sir Walter Ralegh* (T. Fisher Unwin, 1897), 373.

（24）*Pells Order Book* の一六一八年一一月九日付「支払命令」による。（ブラッシュフィールド著、一一〇頁）
（25）‘John Pory to Carleton’, Nov. 7, 1618, PRO *SP* 14/103/74, quoted in William S. Powell, ‘John Pory on the Death of Sir Walter Raleigh’, *The William and Mary Quarterly*, 3rd Series vol. ix, no. 4 (October 1952), 538.
（26）*CSPD, 1611–18*, 591.
（27）*The Gentleman Magazine*, Jan. to June, 1832, vol. vciii, 333.
（28）簡便なのはＤＮＢおよび新オックスフォード版ＤＮＢ。詳しいものは第五部の注（38）を参照。
（29）‘Chamberlain to Carleton’, *CSPD, 1611–18*, 566.
（30）‘Chamberlain to Carleton’, *CSPD, 1611–18*, 600.
（31）各書で引用されているが、元は Godfrey Goodman, *The Court of King James the First*, 1839, vol. 2, 173.
（32）Stebbing, 386.
（33）Brushfield, 16.
（34）Spedding, vi, Appendix, 413–415; Brushfield, Appendix A, 28–29. はじめての印刷は Oldys, *Ralegh's Works*, viii (1829), 783ff.
（35）Brushfield, Appendix E, 34–41.
（36）「謙虚な請願」は次の四項目からなっていた。（一）「カルーから逃亡の仕方を教えられた」と私が漏らした覚えはない。（二）ダンキャスター公とカルー公を馬鹿にした覚えはない。（三）ローリーから現金などを受け取ってはいない。（四）パラム卿のところへローリーを無理につれていった覚えはない。「批難」と「中傷」はたったこれだけだったのかと、あるローリー学者をあきれさせた。（Brushfield, 24）
（37）Brushfield, 40.
（38）Brushfield, 28.

(39) Brushfield, 34–35.

(40) ‘some telling truth’, Raleigh Trevelyan, 558.

第五章　スタックリー

第一節　コイン偽造説

偽コインを造った？

『請願』がどう攻撃しても、崇拝されたローリーは不動だった。『請願』はスタックリーに向けられた攻撃の火に、油を注いだだけだった。まず、偽コインを造ったとされて逮捕された。いよいよこれで死刑になる、天罰が下った、と大方が喜んだ。次に、死刑を免れて故郷のデボンに隠居したが、そこまで及んだ攻撃に耐えきれずに、孤島のランディ島に逃げ、今度こそ天罰を受けてそこで狂死した、と語り広められた。本当に偽造したのだろうか。本当にそこで狂死したのだろうか。

コインの偽造は英語で「コインを削る（clipping coin）」、または「コインを削って角を整える

(clipping and sweating coin)」と呼ばれる。コインの周辺を削り落とし、削られたコインを袋に入れて激しく攪拌して角を整えた。造った人は死刑になり、造らなくても「偽金造り」といわれると大きいダメージを受けた。スタックリーは本当に偽コインを造ったのか、それともスケイプ・ゴート(犠牲の山羊)にされて造ったといわれたのか。この騒ぎが政治の力にどのような影響を及ぼしたのか。

偽金を造ったと語った資料には二種類がある。一つは『枢密院記録(*Acts of Privy Council*)』であって、これは実際にあった事実を記している。二つは宮廷人が知人に出した手紙であって、これは伝聞を記している。前者の資料として次の二つがある。

一六一九年一月九日付、「重罪を犯したスタックリーを、法の命令で釈放されるまで収監するよう、ゲイトハウスの管理人に許可証を発行した。発行者　ノーントン官房長、およびサー・エドワード・コウク法相」。

同年四月二〇日付、「スタックリーの息子ヒューをプリマスからロンドンに拘引するに際して、二〇ポンドをバース卿の使用人ジョン・ハートレイに支払うよう、出納役のヴェディルに許可証を発行した。発行者　ノーントン官房長(他省略)」。

息子ヒューはサー・ルイスの次男であり、長男ジョンがこのとき一九歳であったから[1]、年齢の上で父とかろうじて共謀しうる。

手紙の資料は数多い。そのうちの七通の要旨は次のようである。

ゲイトハウスにスタックリーが収監されたと知らせる手紙に、「スタックリーは某が許されたから多分許されるだろう」（二月九日付）[2]。別の手紙に、「コインを削る道具一式がスタックリーの部屋すなわちホワイトホール宮殿の王が住まわれる棟のなかで発見された」（同日付）[3]。この話は後世のローリー伝では「偽造している最中にホワイトホール宮殿の境内で逮捕された[4]」と変えられた。偽造用に使ったコインについて、「スタックリーがローリーをロンドンに拘引したご褒美に、国王からもらった五〇〇〇ポンド余り、それはローリーの血の値段だったが、その金貨を使ったのが偽造の始まりだった[5]」。ただしこの手紙には「巷で言われていること」、「私の伝聞が正確であればの話だが」、「伝聞によると」が添入されている。この話の信憑性について、話者自身が責任を持たない、とこれはいっている。次に、偽造が分った発端と自白の内容については、いくつかの手紙の説明が錯綜していた。まず、「スタックリーを調べると、息子と召使がやったことで自分はやっていない、といった。息子は行方不明、召使はマルシャーシ監獄に入れられた。その召使がいうには、やったのはご主人で、自分は代役でやらされただけだった[6]」。別の手紙では、「先に捕まったのは召使で、彼は以前はローリーの部屋付の召使だった。この召使によると、主人のスタックリーは七年にわたって偽造していた」(7)。また別の手紙には、「先に捕まったのはマヌーリで、マヌーリが告げ口してスタックリーの偽造が分った」(8)。

以上のような諸資料から、次のように判断できよう。まず、『枢密院記録』は、厳密には収監を指示しているだけであった。偽造したかどうかを決めるのは枢密院ではなかった。はじめから収監の期間を、「釈放の許可があるまで」と限っていた。釈放されるのが最初から分かっている、これは書き方であった。

次に、七通の手紙が語る事柄は、それぞれが違っていて、この事件が伝承のなかで存在していたのを物語っている。話が出来すぎているのが共通している。すなわち、召使を除いた登場人物が、スタックリー、その息子、マヌーリだけである。見事に彼等全員が、罪を別人になすりつけている。「元はローリーの召使の証言」といえば、ローリーが処刑後にえていた信望によって、召使の証言までが信用されやすくなっていた。

デボンのコイン鋳造

偽コイン造りの話は別の理由でも信用されやすかった。スタックリーの生地デボンにはコインの鋳造所が多かった。この地方の鋳造はサクソン時代に遡る。交易が盛んになって四つの独立行政区（バラ）ができた。エクセター、バンスタプル、トトニスの三つは河口にある臨海地、ライドフォードだけは内陸で鉱山業があった。それぞれの区で地域内で流通する地域貨幣が造られた。その後地方貨幣は共通貨幣になって、鋳造所はデボンの各地に拡がった。(9) 鋳造所は数多く、従って規模が小さいものがあり、稀に家の敷地内にそれが建てられ、一家が運営することもあった。(10) 鋳造所に四〇年代の内戦の影響が及んだ。鋳造は王党派の仕事だったから、鋳造所がある町が議会派に占領されると、王党派は鋳造所を他所に移さなければならなかった。バンスタプルが陥ちるとアペルドーに、ブリストルが陥ちるとランディ島に、移されたのだった。(11) 内戦はスタックリーの死後（一六二〇年歿）であったが、デボンの鋳造に人々の注意が向った筈である。だから、スタックリーの息子とマヌーリがデボンのプリマスで偽造していたといわれれば、その話はありうることと信じられやすかった。スタックリー自身がロンドンでやっていたといわれれば、デボン出身の彼ならばと信じられやすかった。話が出来すぎている一因に、デボンにあったこの土地柄があった。

スタックリーは赦されたが、息子のヒューとマヌーリの、受刑と釈放が語られていない。ヒューが行方不明とされていたのも意味深い。

白に近い偽造説

以上によって、スタックリーが偽造したと明言することはできないであろう。しなかった可能性が高いが、しなかったとする、多数ある証拠は状況証拠であるので、しなかったと断定することもできない。彼は白に近く、黒にはみえにくい。

しかし、過去のローリー伝は、白か黒かに関心を向けなかった。偽金造りを喜んだ当時のパトス（情念）をそのまま吸いとって、この話を喜んでしまい、喜び続けてしまった。多くのローリー伝が準拠してきたステビング著のローリー伝の、次のような記述を長い間疑わなかった。以下にその記述を引いて、通説を改めて確認しておきたい――「スタックリーが偽金を造ったと聞いて、国中が歓喜した。マヌーリも同じ罪でプリマスで捕まった。マヌーリはこれをスタックリーが昔からやっていたといった。スタックリーがホワイトホールの境内で偽造の最中に捕まったという報告が、正義が行った報復にいささか華を添えすぎたきらいはあった。彼は自分の罪を姿をくらませていた息子のせいにした。召使が主人はそれを七年間やっていると告げた。この証言は決定的な力があった。人々は『ローリー様を殺したことへの天罰が下った』といいあった。国王は過去の功績ゆえに絞首を免れさせたが、噂によるとスタックリーは金を積んで釈放を買ったらしい。そのせいで彼は無一文になった！」(12)。

王に有利に作用した

古風なローリー信者だったステビングが、このように喜んだ時よりも四二年前に、事件の核心をつくような次のような考察がなされていた。逮捕されたマヌーリは、スタックリーが「しつこく勧めた」のでやってしまったといい訳をしたと伝えられた。この告白にトマス・バーチが注目した――「しつこく勧めたといっているがそれは十分ありえた。でもスタックリーはなぜしつこかったのだろうか。事柄は簡単だ。スタックリーをそそのかした最初の人（the original mover）がいて、その人はスタックリーとマヌーリよりも上手の謀略家で、その人が自分が使い終えた二つの道具［スタックリーとマヌーリのこと］について、後になって奴等は恥さらしだと思うようになったからだ」[13]。ことともあろうに国王ジェイムズが、二人をはめこんで偽金造りをやらせたのだというう。当時はとにかく陰謀が多かった。そうではあっても、はたして国王が本当に「はめこんだ」のであろうか。「はめこんだ」とまでいわないで、せめて「噂を仕掛けた」というのならば、あるいは、「造ったので喜んだ」というのならばなお一層、この見方は受け入れやすくなる。偽金造りはあったと認めている点では、バーチは多くのローリー伝の著者と同じである。しかし、偽金を造ったという伝承に含まれていた、力の動き、パワー・ポリシーに注意を向けていた点では、多くのローリー伝の著者とは異なっていた。

偽金造り騒ぎは王権に有利に働いた。民衆の政治への参加がフランスよりも遅れていた当時のイギリスでは、民衆は憎悪を王権には向けられずに、専らスタックリーに向けて、憎悪を発散させて自己充足した。スタックリーへの憎悪は、批難が王権に向かわない安全弁、ガス抜きの役目を果たした。この役割のことを、バーチは別の言い方で述べていたとみられる。

第二節　孤島で狂死説

ランディ島で狂死した？

偽コイン造りでの死刑を免赦されたスタックリーは、デボン州海軍副提督の地位を解かれ、故郷のデボン州アフェトン村に帰った。アフェトン村は、北にサウス・モルトン（図2）、東にウィザリッジの町とウェスト・ウォリントン村がある。サー・ルイスは代々続いていた大荘園主スタックリー家の世継ぎだった。荘園の中心だったアフェトン村には、帰ってきたサー・ルイスが入った筈の、スタックリー家の館アフェトン城があった。本館は残っていないが、ゲイトハウス（図38）とタワー（図39）が残っている。

ところが、あくまでも言い伝えによると、帰ってきたサー・ルイスはその村にはいられなかった。「ローリーを神様のように思っている人々から、どこにいっても嘲笑う眼付で見られるのが我慢できなかった」（ガードナー）(14)。あるいは、「スタックリーは這うようにしてはじめはアフェトン村の家に帰ってきた。その地では身分がある人も貧しい人も、こぞって彼をのけ者にした」（ステビング）(15)。ステビングはガードナーに習い、のちの多くのローリー伝がステビングに習った。

△図38　アフェトン城のゲイトハウス。この向うに今は取り壊された本館があった。右外に堀の跡。

◁図39　アフェトン城のゲイトタワー。中世の建立。見張りと防戦に用いられた。

それではスタックリーは故郷からどこに行ったのか。ガードナーとステビングはそれぞれ次のように続けている。「恥を隠そうと孤島のランディ島に逃げてゆき、ローリーの死後二年経ないうちに、大西洋の烈風が吹き荒れるなかで、絶叫する狂人になって、死んだ」。「その次に這うようにして行ったのは、ランディ島だった。その島で、マリスコ城の廃墟の中で、発狂して死んだ。日付は一六二〇年八月二九日」。ランディ島はアフニトン村から北西にある、ブリストル海峡の唯一の島（図2）。いずれ詳しく記すように、昔も今も人が住むには不向きな孤島であった。

許されなかった安楽な死

そこで死んだという伝承には、次のような土台があった。当時の考えとして、無実な人を死なせた悪人は、死なせた人よりも安楽な死に方をしてはならないとされていた。当時の罪人への処刑のしかたが残酷であったのは、この考えによっていた。神の摂理が下ったという認識が、残虐さを後押ししたのだった。この考えが、ローリーに死をもたらせた人々の死に方に及ぼされた。死をもたらせた人々が、処刑されたローリーよりも安楽な死に方をするのは理に合わない、という考えがいだかれた(16)。

ローリーを裏切ったコバム男爵ヘンリー・ブルックについても、死んだ後が悲惨だったと語られた。コバムはローリーの親友でありながら、一六〇三年の、国王を追い落そうとしたいわゆる

「本・副陰謀事件」の裁判で、ローリーが不利になる証言をして、死刑の判決をローリーにもたらせた。一六年前の判決が執行されたのが、今度の処刑であった。このコバムが死んだとき、「死体は埋葬される金がなくて今も野ざらしになったままだ」と語られた。[17] 当時重罪で処刑された囚人の死体は埋葬されずに野ざらしにされた。コバムの偽証は重罪に価するとみた当時が、コバムは処刑死ではなかったにもかかわらず、重罪での刑死者と同じ扱いを受けて野ざらしにされた、と語ったのであった。そう語られたけれども、真相は別であったらしい。コバムは政府から十分な生活費を与えられていた。温泉地バースで療養したあと、ロンドンへの帰途に死んだコバムに対して、埋葬費が政府から届くのを家族が待って、埋葬がただ遅れたらしい。[18] 真相をまげても、当時はローリーを裏切った人々の死に方にこだわった。コバムの死は一六一九年一月二八日、ローリーの死の三ヶ月後、死への抗議が最も強い頃であった。

ローリーを死に追いこんだもう一人の人物、マヌーリがどのように死んだかは語られていない。マヌーリが小者すぎて、語るに価しないという扱いであった。それにフランス人でもあった。

ローリーを苦しめた、元特任看守のウィルソンは、マヌーリと同じように死んだときのことは語られなかった。ただ、ジェイムズと世間がその後のウィルソンに辛くあたった。彼はスパイ行為の報酬を王に執拗に求めた。国王は他人の金で代えようとして、ケンブリッジ大学ゴンヴィル・キーズ・カレッジとトリニティ・ホールそれぞれの学長に推薦したが、推薦状が送られてこなかったという理由で、両カレッジは別人を任命した。その後国王はウィルソンのために何もしなかった。彼は元の文書館司書の職に戻り、そのまま一六二九年七月の死を迎えた。安楽な死に方は理に反するを、栄達の道を歩むのは理に反する、と置き換えると、ウィルソンもまたその理に従わされたのであった。

ハウエルが語ったとき

さて、ガードナーとステビングがランディ伝説を語ったのは、それぞれ後世の歴史家、ローリー学者としてであって、当時に伝説を自ら口にしたのではなかった。当時にはどのようにして語られはじめたのであろうか。

ウィリアム・キャムデンの『日記』(19)は、「スタックリーは一六二〇年八月二九日に、狂ったようになって(in a manner mad)死んだ」と書いた。「狂ったようになって」と「狂って」とは、僅かだが違いがある。また、ランディ島でとはいっていなかった。キャムデンは一六二三年に没したから、スタックリーが一六二〇年に没してから直ぐには、まだランディ島の名前がでていなかったとみられる。さらにまた、命日が分っていたことは、ランディ島で没したという伝承にはどちらかというと馴染まない。命日を本土に伝えた人が孤島にいたかどうか。

ランディ伝説が記録された最も早い事例は、筆者が知りえた範囲では、一六四五年、すなわちかなり遅く、有名なジェイムズ・ハウエル（James Howell）が書いた手紙の中であった。該当する部分はこのようになっている――

あの不敬で狡猾なスタックリーが、かかる恥さらしの最後を迎えたのには、快哉を叫ぶのです、すなわち、貴台が書いておられるように、スタックリーは聖餐を授けられて深まったはずの信仰を、金銭のために捨てた罰が当たって、ランディ島で、惨めで発狂した乞食になって死んだ。さらに、最後を迎える以前に、こともあろうにホワイトホール宮殿の中で、コインを削っているところを発見された。そのコインはなんと、ローリーを裏切った代価として国王から支給されたものだった。その偽造ゆえに絞首刑を宣言されたが、二人の宮廷人に賄賂を贈って国王から恩赦を買い取り、そのために無一文になってしまった。(20)

ハウエルの常として、すでに巷で語られていた話をここにとり上げたものであった。ただし、ハウエルが語った頃はすでに、話が事実から離れていてもかまわない、遅い時期に入っていた。さて、ハウエルがこの伝説を語るときの態度のことである。ランディ島での死にせよ、偽コイン造りにせよ、大声でスタックリーを罵倒している。この手紙はローリーの息子カルーに宛てられていた。かつてハウエルが父親サー・ウォルターを批難したのを、息子が怒って、ハウエルに激しく抗議した手紙を出した。カルーの怒りを鎮めようと、ハウエルは大声でスタックリーをののしってみせたのだった。しかしながら、ハウエルの本心は、サー・ウォルターに対する見方が分裂しているところにあった。この手紙の、ここには載せない始まりの部分では、依然としてサー・ウォルターを批難していながら、急転して、途中から讃美に向っている。[21]ところが、讃美に入っていたのに、いつの間にか次のように、二つの見方の間で揺れだしている。これがハウエルであった。（以下は大意）

サー・ウォルター・ローリーがギアナに行ったとき自腹を随分切ったのは知っている。もっとも、出資した人は今にいたるまで損で苦しんでいるけれども。でも一方で、ゴンドマはサー・ウォルターを「海賊」とののしったが、私としてはそうは思わない。でも、休戦協定を破りはしなかったが、勅許状が守るように求めていた義務は破ってしまった。もっとも、この点については法廷に出られていれば彼はちゃんと弁明したであろうが。[22]

このような混沌と分裂が、ハウエルの本領だったから、ランディ伝説を前出のように語ったときには、神の摂理が成就したことを、まなじりを決して本心から説いていたのではなかった。この摂理をいっておけば安全だ、息子カルーの怒りを必ず鎮められる、こういう態度でハウエルはランディ伝説を語った。いいかえれば、ランディ伝説はハウエル自身のなかで、すでに事実を語った話ではなく、説話になっていた。このような生きたコンテクストを持ちながら、この伝説はおそらく初めて記録されていた。

引用したハウエルの記述を、ステビングは読んでいた。偽金造りの顚末を語ったステビングの記述の、内容と口調（本書二一八頁）が、ハウエルのそれらと一致している。二〇世紀に書かれた殆どのローリー伝は、ステビングの記述に準拠してきた。ランディ伝説も、本当にそのようなことが起きたかどうかは問われないままに、ステビングの記述が踏襲されてきた。この話はあくまでも説話だという認識が、ステビングの前のハウエルにはあった筈である。ハウエルは狸親爺のような文人であった。しかし、説話であるという認識が、真摯なローリー信者だったステビングにはなかった。その後の数多くのローリー伝は、ステビングの硬い態度を受け継ぎ、説話を楽しむハウエルの柔らかい態度を受け継がなかった。

公式に退けられる

ハウエルに戻って、ハウエルの身分のことである。ハウエルはチャールズ二世に雇われた史料編纂委員（Historiographer）であった。ランディ伝説を語って、ハウエルがスタックリーを罰したとき、チャールズ二世がスタックリーを罰した、という図式ができあがる。ジェイムズ一世がスタックリーに対して怒っているという話はすでに生れていた。しかしそれらは周辺が勝手に作った説話にすぎなかった。しかし今度は、チャールズ二世に近い筋が、確かに語って書物にしていた。ハウエル自身が自覚していたとは思われないが、チャールズ二世がスタックリーを公式に退けた、という意味を、このハウエルの手紙は結果として作った。公式に退けられたので、王権が世間から攻撃されずに保護されたという図式が、一層はっきり出来上がった。ジェイムズ一世のときに非公式にできていた図式が、今度は確定したのであった。

第三節　真　実

英雄たちのランディ島

スタックリーは本当にランディ島で狂死したのか。この話は捏造されたもので、人々は捏造された説話を今日にいたるまで喜んできたとすればどうであろうか。コイン偽造説のときは白に近かった。今度の狂死説のほうは、はっきり白だったとすればどうであろうか。

確かに、すべては終ってしまった。孤島で狂死したというこの説話が、社会を落着かせ、この落着きが当面は王の側を利するように働いた。説話はこのように歴史のなかに定着してしまった。たとえ嘘の説話に基づいていても、虚構が歴史を動かしたことは消せない。けれども、ローリー伝の問題にしてみると、虚構を作った生因がローリーの中にあったとしたら、その生因は伝記の中で拡大されるのが望まれる。また、歴史研究一般の問題としてみると、歴史研究を円とみれば、たとえ円の周縁にある問題にすぎなくても、真実は表てに出されるのが望まれる。

まず、同じランディ島を、ローリーたちが、狂死説を喜んだ人々とはちがって、気持よく眺めたという話である。ランディ島は有名な文学作品のなかにでてくる。一五八九年、ローリーがアイルランドの植民地に珍しく逗留していたとき、植民地に常住していた詩人のスペンサーに会った。ローリーはスペンサーの『妖精の女王』を読んで感心し、スペンサーがエリザベス女王にそれを謹呈するように、女王からの見返りを授けてもらえるように、仲介することになった。

アイルランドのコーク港を発った、二人を乗せた船は、ウェールズ沖遠くを南下し、ブリストル海峡に入った。二人がコークを発ってからはじめて見た陸地が、ランディという名の島であった。スペンサーが『コリン・クラウト故郷に帰る』のなかで歌った――

　　やっと遥かかなたに陸地が見えた……
　　船はランディを通り過ぎる。
　　ランディとは西側が見どころの島の名前。
　　　　　　　　　　　（二六五―二七一）

ランディ島は南北三マイル、東西の平均が二分の一マイル、面積九二〇エーカー、花崗岩からなる台地で、海抜は四〇〇フィート（図40）、西側はすべて岩壁（図41）、東側には南端の一角に僅かに灌木が生えている部分がある。周辺は波が高く、船が着ける入江は一個所しかない（図42）[23]。つまりは現代にデボンから島にゆくには、バンスタプルの北に位置する小さい港町イルファコウムから、つまりは島よりもはるか東から船が出ていて、島まで一時間四五分を要する。ランディ島の南にある、イングランドのデボン沿岸もまた波が高い。この沿岸は東西四〇マイルにわたって、石灰岩と頁岩《けつがん》の岩壁が延々と続き、西のパドストウから東のビディファドまで、船が着ける港がない[24]。古民謡には、「パドストウ砂州からよおお／ランディ燈台まではよおお／船乗りの墓場でよおお／昼間もよおお、夜中もよおお[25]」。スペンサー作、前出の部分にすぐ続く、

そこから別の陸地（デボン）が見えた。
荒々しい海に浮かんでいた陸地を
巨大な岩の群がとり囲み、削りとらんばかりに
打ちつけてくる荒波に、立ちはだかっていた。
（二七二―二七六）

図40　ランディ島全景。東側から、光のなかに。

図41　ランディ島西側の岸壁。

図42　ランディ島の船着き場。ここだけが船が寄れる。

は、この沿岸地域を簡潔、的確に描写している。

ローリーとスペンサーが乗った船は、ランディ島でUターンして、荒波が打ちつけるこの海岸部に沿って西行したのち、コンワルのランズエンドを迂回してペンザンス港に到着（図2）、ここから一行は馬でロンドンに向った。ペンザンスに直行しなかったのは、ローリーが自分のゆかりの地をスペンサーに見せたかったからにちがいない。

ランディ島は一五七七年に、前出のサー・リチャード・グレンヴィルが所有した[26]。サー・リチャードがいよいよ新大陸に向けての活動を本格化するのに際して、島を含む全財産を信託組織に預けた（一五八六年三月一六日）。八名の信託引受人のなかにローリーがいた[27]。サー・リチャードとサー・ウォルターは親友だった。ローリーがスペンサーに島の姿を見せたときは、ちょうどこの島を信託されていた時期にあたる。二人が島の次に見たデボンの陸地は、サー・リチャードが所有する広大な領地であった。船の上から友人の領地を見ながら、ローリーはスペンサーに、その領地のことを楽しげに説明したにちがいない。沿岸の海路は、デボンとコンワルの海軍副提督だったローリーが、往き来に慣れていた。このときの航海で、ローリーとスペンサーが眺めたランディ島は明るかった。ローリーがスペンサーに、グレンヴィルから預かっていると説明したはずのランディ島は誇らしかった。スタックリーが逃げていったと語られた暗いランディ島の間には、天地の隔たりがあった。明るいランディ島があったのである。

宮廷からみたランディ島

ランディ島には昔から無法者が逃げていった[28]。一二三五年にウィリアム・マリスコがこの島に逃げこんだ。ヘンリー三世の使者を殺したと疑われたのでこの島に逃げ、無法者を集めて島を自衛する一方、島を拠点にして陸地に海賊行為を繰り返して、島での生活を維持していた。一二四二年になって国王軍が島に上陸、ウィリアムを逮捕してロンドン塔で絞首、切断した。王は島を防衛するためにマリスコ城（図43）を建てた（一二四四）。エリザベス朝、ジェイムズ朝になってからも、島には海賊たちが住みついた。『年代別国家関係文書』には、当時の海賊たちの動向と政府の対策が頻繁に記録されている[29]。スタックリーが島に行ったといわれている一六一九年より後でも、一六二五年から一六三〇年までの六年間に、海賊の出入りが五回あったと、その『年代別国家関係文書』に記録されている[30]。すなわち、宮廷において、ランディ島は海賊の拠点という認識があった。無法者と決めつけたスタックリーを逃げてゆかせる場所として、ランディ島は宮廷からみると格好の場所であった。

現地からみたランディ島

そうではあっても、スタックリー自身にとっては、逃げていって世間との交渉を絶とうとする場所であったとは思われない。島は、スタックリーを含んだデボンの住人にとっては、昔も今と同じように、親しい仲間であったろう。島は、デボンから眺めるとごく近い。島影は島のほぼ南からならば陸地のどこからでも見える。ハートランド・ポイントは島への距離が一一マイルと最短である。そこより僅かに南のハートランド・キーは、見る足場がハートランド・ポイントよりも広く、ここからもよく見える（図44）。ついでながら、そこらあたりの海岸に立つときの爽快感は、ランディ島に立ったときの高揚感に近い。ハートランド・ポイントでもハートランド・キーでも、広い駐車場に休日には車が並ぶ。これはあくまでも一説であるけれども、ハートランドの語源がこの土地とこの島の親しさを示している。すなわち、ランディの古称は Heort または Heorot であり、発音を写して Hart、その島が見える土地（land）であるから、Hartland となったという説である。(31) 晴れたときは、島を知っている人ならばあそこに見えるのはどこと、島の部分を特定できる。見ている人々には島は友達だった。島は見えているのに本土とは天気がちがう。晴れるにしても荒れるにしても極端で、変わり方がいかにも早い。そのような島の天気を、ハートランド側から島を見ている人々が予報して次のような歌が生まれた——

図43　マリスコ城。海賊の侵入を防ぐために、船が着ける入江（図42）を望める場所に建てられた。

図44　ハートランド・キーから眺めたランディ島の南部。

図45　野生の鹿が跳ぶランディ島の台地。

ランディが高く見える、あそこはこれから晴れだろうよ
ランディが低く見える、これから雪だろうよ
ランディがはっきり見える、これから雨だろうよ
ランディがもやっている、きっと晴れた日が続くよ(32)

友達のことは俺たちが分っている、と歌はいう。ランディ島は宮廷人に思われるときと現地人が見たときでは違った姿をしていた。現地の人にとっては絶海の孤島ではなかった。一度ゆくと帰れない遠い鬼界が島ではなかった。

このランディ島に、伝説によるとスタックリーが入った頃、島にはどんな現実があったのか。島は前出のサー・リチャードの孫、サー・ベヴィルに引き継がれていた(33)。スタックリー家がグレンヴィル家に入島の許可を求めても、グレンヴィル家は許可しなかったであろう。サー・ルイスは島主サー・ベヴィルの、代からいえば叔父にあたったとはいえ、グレンヴィル家はローリー家と親しかったから、スタックリーを助けはしなかっただろう。

むずかしかった一人暮し

仮にもし本当に入島したとすれば、そこで生活しなければならない。シェイクスピアの芝居

『リア王』のなかで、荒野を彷徨った老人リアには、エドガーと道化の二人が付いていた。そのうえリアは、一年以上を荒野で生活したわけではなかった。スタックリーに世話をする従者がいたとすれば、故郷の荘園に留まっていたはずである。従者がいなければ島の住人に助けてもらったのだろうか。島の人口については集計が試みられている。[34] 一二四二年、マリスコが島にいた頃はマリスコの仲間たちが一七名、翌年国王軍が攻めて入ったときが五〇名。一二四三年から四世紀の間は記録がなく、スタックリーがいたといわれる時の人口は集計されていない。その時から二七年後の一六四七年に、トマス・ブッシェルが守備隊を入れたときが二一名であった。一六一九年に海賊が入った記録はないから、スタックリーが入ったといわれたその年に、ハウエルがいうように「乞食をして」生きることは、困難であったであろう。

スタックリーがいたとすればなにを食べていたのだろうか。一七五二年のある記録によると、「ウサギと若いカモメ、エビとほかの魚、鹿と山羊は荒っぽくてつかまえられないから、あとは主人のベンソン氏が本土から持ってきて貯蔵してある食糧であった」[35]（大意）。鹿が今もいる強風が吹く台地（図45）は、大した整地をしなくても飛行場になり、台地の上に生えている植物は、ハリエニシダ、ヒースなど地表類。耕作は中世に試みられた跡があるものの、[36] 極めて困難、従って穀物、果物類は当時にはなく、海賊たちがいたときは近くの陸地の町から、ワインを含む糧食を略奪してきた。スタックリーが食料を自給自足できたとは考えられない。

住んでいたとすればどこだったのだろう。マリスコ城は前述のように一二四四年に建立、一六四三年に前述のブッシェルが人が住めるように補修した。すなわちスタックリーの頃は人が住めなかった。ステビングは「スタックリーは廃墟のなかで死んだ」と書いたが、それは死に方の悲惨さをいいたいレトリックとしてだけ通用する。一七七五年の記録では、「居住している家が一軒と、古城の廃墟があるだけだった(37)」。

故郷の人々の信義

はたして故郷の人々が追い出したのだろうか。スタックリー家については、ガードナーとステビングの時代とちがって、現在は三つの資料があらわれている(38)。

スタックリー家は大荘園を持っていた。サクソン時代に遡るアフェトン村にアフェトン家ができた。図39に見えるゲイトタワーは、一三世紀か一四世紀にアフェトン家によって建てられた。付属しているゲイトハウスの原型は、一三七七―一四〇七年にやはりアフェトン家によって建てられた。そのアフェトン家に、一五世紀になってケンブリッジ州ハンティンドンのスタックリー家が結婚によって入ってからは、スタックリー家を名のるようになった。ゲイトハウスを補修したニコラス・スタックリーの頃、スタックリー家の所領は広大であった。図46のように、アフェトン、イーストとウェスト・ウォリントン、ウィザリッジ近くのブラットフォード・レイシー、

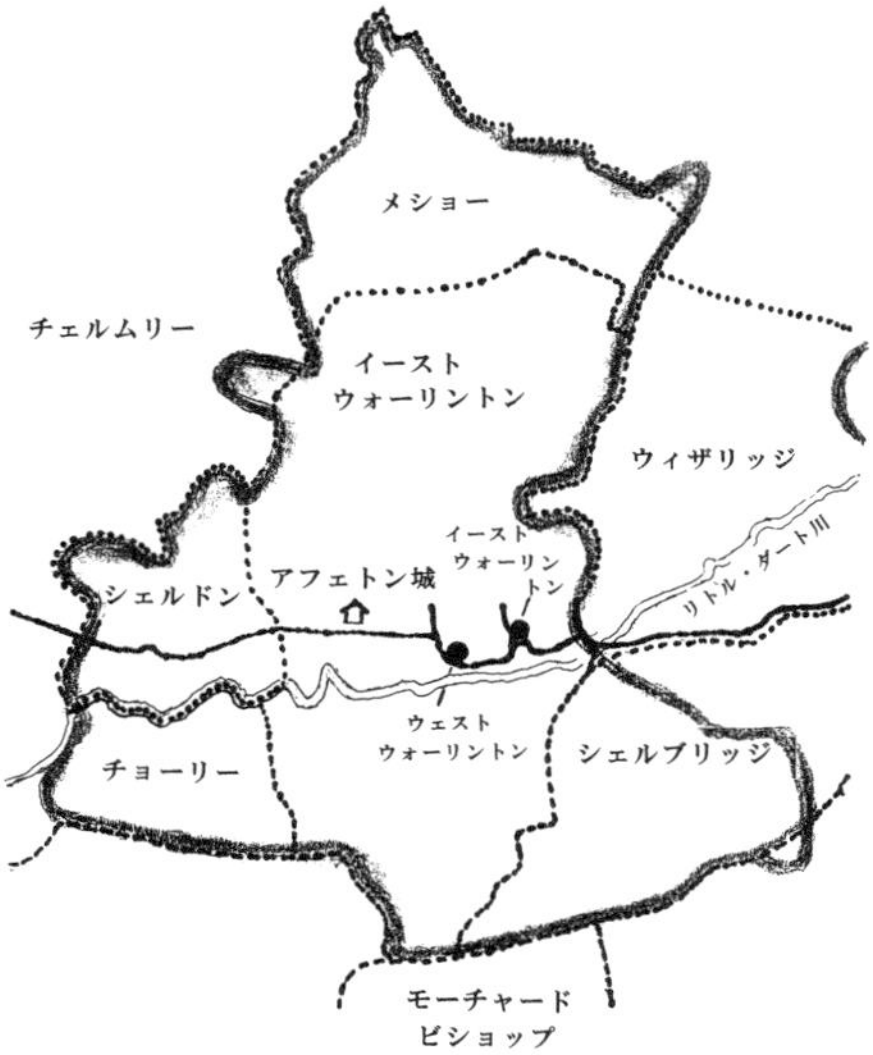

図46　スタックリー家の領地（部分）、一六一〇年。領地は東西最長約8キロ、南北最長12キロ。モーチャード・ビショップとウィザリッジにあった領地はこの地図に含まれていない。道は東のウィザリッジからアフェトンに入る道（現在も同じ）だけ記入した。

北はメショーにまで及んだ。一六一〇年までにさらに拡大して、これも図46のように、シェルドン、シェルブリッジ、チョーリーにまで南下した。中心部だけの面積が一二、〇〇〇エーカーに達した。

もっとも、一六一〇年に所領を継いだサー・ルイスの代になって、領地を手離しつづけた。これはサー・ルイスが宮廷生活に処するためだった。一六二〇年のサー・ルイスの死去によって息子に引き継がれた所領は、アフェトン、東西のウォリントン、チョーリーだけになり、減少は八、〇〇〇エーカーに及んだ[39]。減少したとはいえ、サー・ルイスが帰省したとき、四、〇〇〇エーカー以上がまだ残っていた。当地は土壌が貧弱で、羊毛と森林の樹木を売って得る収入が大きかった。チョーリー村のなかのバリッジの大森林がサー・ルイスにまだ残っていた。森林はアフェトンにもあった。図47は現在のアフェトン・ウッドの入り口である。

　アフェトンあたりは、木立が多いのでデボンのなかでも美村の一つとされ、景は壮大でなく、箱庭風に整っている。この地では何代にもわたって、同じ羊産業、同じ森林業が営々と続けられている。いわゆる「ビュッコリック（牧歌）の生活[41]」が今もある。

「営々として続けられている」ことについては、牧歌の生活一般がそうだったというだけでなく、その頃のデボンの農業の特徴がそうであった。イングランドの西南部は土地の長子相続制が殊更に固守されていた。土地と建物が分割されずに引き継がれた。気候温暖の影響もあった。デボンの農業には一種の惰性が生まれていた。羊毛の加工のしかたも変わらなかった。加工を外の工場では行わずに、羊毛を刈りとった農家が行った。家族が工人になって、先祖代々の方法によって布地を織るところまでを行った。そのようにして織られたホーム・スパンの布地は、品質では、グロスター州、ウィルッシャー州の工場で織られる厚手のラシャ地には及ばなかったが、軽便と安価のために、旺盛な需要が内外にあった[41]。そのために生産者は製法を変えることをしたがらなかった。ところで、農民に好きなようにさせるのが一番だ、と述べた、デボン選出の議員ローリーの、有名な演説がある（一五九七）。ローリーはいった――「麻のロープが要るからといって、農地の三分の一は耕して麻を植えろと強制するのはよろしくない。作物は耕地に適するものが一番だ。耕作者がどれが一番適するかを決めることが大切なのだ。個人のためが結局国家のためになる。農地に鍬を入れなければ草が生えるが、草が動物を養うからそれでよいではないか[42]」。「動物を養うからよいではないか」をユーモアとは受けとらずに、昔から続いているデボンの農業を保護しているのだと、信用がおけるあるローリー学者は受けとっている（ユーイングス）[43]。

一方、アフェトンと近辺の人口密度は低い。アフェトン城の周辺は、西隣にアフェトン・バートンがあるだけである。デボン一帯の農家は、日本の漁村にように一個所にまとまる集落を作らなかった。図48は図46に含まれているメショーの農村風景である。デボンの農村風景の典型がこれである。すなわち、垣根の植込みで細かく区切られた小さい丘陵から農地はなり、住居は丘陵の底（'botoom'）に作られ、前出のユーイングスによると、戸数は一戸から六戸までであった。図49は、やはり「底」にあって、ウェスト・ウォリントンの教会が左手に入っており、戸数は教会を入れて四戸である。デボンの農家は当時も広い土地の中にこのようにして点在していた。このような住居に住む人は、何代も前からの家と土地を引き継ぎ、何代も前からのそれらを引き継いでいる数少ない隣人と、つき合っていたのであった。

このような環境の中に、宮廷から領主のサー・ルイスが戻ってきた。たとえ不遇の身になっていたとはいえ、はたしてガードナーが書いたように、「どこにいっても嘲笑う眼付で見られた」

図47　アフェトン森林。伐採のあとが見える。

図48　メショーの農村風景。ウィザリッジからメショーに向うB3137から東側を望む。典型的なデボンの農村風景。

図49　ウェスト・モリントンの農村風景。戸数は4。左端は教会のゲイトハウスの一部。うしろのリトル・ダート川の向うに、やはり窪地に、さらに2戸がある。

であろうか。ステビングが書いたように、「高い身分の人たちも貧しい人たちもこぞって、彼を閉め出した」であろうか。察するところ、そういう「眼付で見られ」、「こぞって彼を閉め出した」のは、宮廷ではあったろう。しかし、美しい自然の中で、いつも少数の人々と会いながら、昔からの生活を続けている、心も変らない故郷の人々がしたことではなかったであろう。そうしたとみると、かつてのこの地の人々、ひいては人間というものを、軽く見ることになる。その人たちはサー・ルイスを受け入れても、特別なことをしたわけではなかったであろう。彼を当然として受け入れて、いつもの生活を続けていたであろう。本書はその人たちを特別に重んじようとするものではない。その人たちの在りのままを、その通りに我々が見るきっかけに、本書がなるようにと願う。狂死説が大手を振って歩くと、その人たちの姿が目に入らなくなる。

なお、スタックリー家の歴史を述べた三つの著作(44)（内二つは未刊の原稿）のうち、一つは、サー・ルイスがランディ島に行ったと「噂された（reputed）」と記し、他の二つは、行ったとは記していない。なおまた、事柄を図式化すると、地方にあった独立性、閉鎖性、継続性を、中央が無視してこのような説話を作った。代々のローリー伝が、地方と中央という二極の両立を見なかったために、狂死説を真実のようにして書き続け、地方に長年恥辱をあたえつづけた。

埋葬地を隠す

亡くなってからどこに葬られたのであろうか。故郷を追われた身であれば島に葬られるであろう。しかしこの伝承はそこまでを語ってはいない。語れなかったのであった。

一方、サウス・モルトンに葬られたという記述が、説話とは別になされていた。サウス・モルトンはアフェトン村から真北一五マイルにある、アフェトンから最も近い町であった。そこで葬られたと述べた資料は三つあった。最も早いのは、『デボン州戸籍調査書、一五三一、一五六四、一六二〇年の調査による』、一八九五年の刊である。スタックリー家の系図を示し、次のような記述が特に添えられている――「サー・ルイスが一六二〇年に死去し、サウス・モルトンに葬られたとき、後継者の息子は二〇歳かそれ以上であった[45]」。二番目は、スタックリー家の直系ジョン・スタックリー（一九一六―一九八八）が書いた二つの著作である。刊行された『アフェトン城』（一九六七）のなかに、「一六二〇年にサウス・モルトンに葬られた[46]」とあり、未刊の原稿『スタックリー家の歴史一〇六五―一七八五年』のなかに、「サー・ルイスは、不明の理由によって、何世紀もの間家族全員が葬られてきたウェスト・ウォリントンではなく、サウス・モルトンに葬られた[47]」、と書かれている。三番目は、新しいオックスフォード版ＤＮＢで、『戸籍調査書』に従ったとみられる。

まず、『戸籍調査書』がそのようなコメントを加えるのは珍しい。おそらく、スタックリー家が特別に提出した情報だったのであろう。政府筋の要請だったとすれば、ランディ島でなくてサウス・モルトンにした理由が思い当らない。二番目の『アフェトン城』と『スタックリー家の歴史』は、既述のようにスタックリー家直系の後継者によって書かれた。以上のような二つの系列の資料が、スタックリー家から出ていた情報、または出ていたであろう情報であったのが注意される。さらに、『戸籍調査書』では、息子のそのときの年齢を中心に書いて、埋葬地についての記述を、さりげない記述に見せている。そのように見せられると、注意深い読者は、埋葬地の方がこの記述のねらいだったと分かる。息子の年齢を敢えて書かなければならない理由はなかった。また、『スタックリー家の歴史』では、「不明の理由によって」サウス・モルトンに葬られたという、不自然な書き方が注意される。なにかを隠しているからこう書いてしまったのであろう。

創立が一二世紀に遡る、ウェスト・ウォリントンの教区教会、「聖メアリ教会」では、礼拝堂が「スタックリーの礼拝堂」と呼ばれている。教会墓地のなかの南東の広い部分は、スタックリー家の墓が占めている。前出の『アフェトン城』と『スタックリー家の歴史』の著者、元裁判官ジョン・スタックリーの新しい大きい墓が、今はひときわ目立っている。他方、サウス・モルトンの町には現在四つの教会がある。そのうちスタックリーが死んだときにあったのは、国教会の「聖メアリ・モドレン教会」（図50）だけである。寺院として計画されただけに、広大な敷地と建物を持っているが、敷地の中に墓地をもたない。内陣にスタックリーの埋葬を示すプラックは当然ながら無い。サウス・モルトンには広い共同墓地（セメトリー）があるが、一八五八年に完成した。残っている最も古い墓碑は一八六八年に建立された。

ところで、「聖メアリ・モドレン教会」の内陣を含む建物の、ステンドグラスがはめられた窓には、珍しく金網が外に張られている。このステンドグラスは一九世紀に土地の豪族が寄贈したものであり、金網も寄贈者への配慮であろうが、僅かな可能性として、サー・ルイスがここに葬られているにちがいないと思いを定めた人たちが、一種の墓荒し（ヴァンダリズム）をするのを、防ぐための金網であるのかもしれない。その可能性が筆者の思いをかすめたのは、ローリーがスピーチで批難したキーミスが、一種の墓荒しを受けたからである。キーミス家を記念したステンドグラスが、シャーボン寺院西側聖キャサリン礼拝堂の窓にはめ込まれている。縦三列のうち中央の列の最下部、西暦千と六百の間が、ダイアモンドで傷つけられている(48)（図51）。スタックリーの墓が明らかになれば、墓荒しのひどさは、キーミス家のステンドグラスに加えられた程度では済まない。

領主サー・ルイスを哀れんだスタックリー家が、ランディでなく故郷で死んだサー・ルイスを、先祖たちと同じウェスト・ウォリントンの教会か、それとも郷里のどこかに永眠させておきながら、墓荒しを防ぐために、探しても見つからないと分っているサウス・モルトンに、どこと特定しないままに、埋葬されたことにしたのであろう。サウス・モルトンに埋葬されたと語られたと

図 50　サウス・モルトン、聖メアリ・モドレン教会。

図 51　シャーボン寺院、キーミス家を記念するステンドグラス（一部）。寺院の西側中央聖マーガレット礼拝堂の窓中央にキーミス家を記念したステンドグラス。その最下部にこれはある。

き、二つのそれぞれに不自然な語り方があった。すなわち、それとなく人々の目をサウス・モルトンに向けていた。また、サウス・モルトンを信じさせようとして、理由が分らないとわざわざいった態があった。

サー・ルイスを貶めて歓喜していた大勢の裏で、耐えながらサー・ルイスとスタックリー家を守ろうとした人たちが、故郷で眠っているサー・ルイスを、眠りが妨げられないように保護してきたのであろう。キャムデンの『年代記』は、ランディ島をいわずに命日だけを記していた。ランディ島で死んだのならば命日は伝えられなかったであろう。アフェトン村のあたりで、家族、従者の眼が届くところで、サー・ルイスは事切れたのであろう(49)。

サウス・モルトンの「聖マリア・モドレン教会」に、サー・ルイスの埋葬記録があるかどうか、調べることははばかれる。記録はないであろうが、ないと分ってもあると分っても、スタックリー家の意向には沿わない。サー・ルイスの墓は、おそらく郷里にあるだろう。求めるのはそこまでにしておきたい。墓はどの場所、どの隅にあるかは分らないままに、静かなままにしておかなければならない。

元凶だったスピーチ

スタックリーの名に止めを刺した、あの狂死説は作り話であった。偽コイン造りの嫌疑でも、スタックリーは白に近いとみえた。虚像を造らせたのは、人々の憎悪であった。憎悪が生れた源は、ローリーが断首台でしたスピーチのあの部分であった。スタックリーはこのような悪者です、皆さんはこの男に警戒を怠らないでいただきたい。ローリーというイアーゴゥが、こういって世論というオセロゥを煽動し、スタックリーというデズデモーナを殺害してしまった。ローリーのスタックリー忌避は、ローリーの私憤と自己防衛から出たもので、国家の将来を慮ったものではなかった。不正な王権に屈しなかった、スピーチの正の部分は、未来の時代を予表し呼び入れるものであった。私憤を述べたこの負の部分は、この後いっそう濃厚になっていった、スチュアート朝の陰険な空気を醸しだしたとみえる。

今日までのローリー伝は、スタックリーが訴えたにもかかわらず、この負の部分、悪の要素に十分な関心を寄せてこなかった。それが偽コイン造り説、殊に狂死説を疑わなかったことを招来した。殊に狂死説が、はっきり作り話であったことから、当時の政治と社会の在りようが伺い知れる。政治と社会を動かしたのは虚言であった。政治と社会が、虚言によって安定したのであった。

スタックリーを回復させる

ただ、伝説の裏側で、スタックリーと、その家と、地元の人たちの、実際の姿が歪められてし

図52　ウェスト・ウォリントン、聖メアリ教会のゲイトハウス。背後に塔がなければ民家と見まちがえる。

まった。裏側に在ったものが、あたかも埋まっていたものが発掘されたようにして、現れてきても、確定してしまった過去は変らない。にもかかわらず、埋まっていた真実を表に出しておかなければならない。

もっとも、表に出しても、それは所詮人間がする行いにすぎないのであろう。永遠なるものがすでに、それを行い終えていたように思われてならない。

サー・ルイスの故郷だった村々には、時がゆっくり流れている。アフェトン城のゲイトハウスが昔の姿を保っている。ゲイトハウスの屋上には、サー・ルイスが掲げていたであろう、イングランドの守り神セント・ジョージの旗が、今も掲げられている（図38）。周辺には、昔から館に身を寄せているアフェトン・バートンのほかに、およそ建物の蔭は見られない。美しい田園が昔のままに静まりかえっている。隣りのウェスト・ウォリントン村では、スタックリー家の教会が、わずかな数が集まった民家のなかで、静まりかえっている。くぐり抜けて教会に入ってゆく藁葺きのゲイトハウス（図52）が、やはり藁葺きの民家（図49）と区別しにくい。ゲイトハウスも民家も、この古さからして、サー・ルイスが帰ってきた頃のたたずまいを残しているであろう。悠久なる時の流れのなかでは、サー・ルイスの受難も、瞬時に過ぎていった下天の夢であった。多くのローリー伝が加えてきた迫害も、静かな時の流れの中に、これからも呑みこまれてゆく。

デボンの西北端、海近くに、ハートランド・アベイが風格ある造りを見せている（図53）。ランディ島を見るハートランド・ポイントから近く、西のストゥク村にある「ハートランド教会聖ネクタン」からもごく近い。このハートランド・アベイは、一五三九年の「修道院解散」によって寺院ではなくなってから、初代の所有者の縁者たちによって、他家に売却されることなく今日まで引き継がれてきた。一九世紀になって引き継いだのが、これも縁者のスタックリー家であった。以後はスタックリー家から離れず、今はサー・ヒュー・スタックリーが住んでいる。祖先のサー・ルイスが国賊のようにののしられたにもかかわらず、スタックリー家は立派に維持されていた。

「ハートランド教会聖ネクタン」には、デボンで屈指といわれる美塔がある（図54）。アベイの裏手に拡がる高い森をへだてて、なお高いその美塔が、アベイのスタックリー家を背後から見守っている。図53の図面中央遠方にその塔が見える。ローリーがスピーチでサー・ルイスに加えた仕打ちを思い、拡大していったハラスメントを思い、悪名に耐えたスタックリー家を思うと、その美塔がスタックリー家を見守っている姿は、まるで神様のお心の姿であるかのように、筆者には

図 53　ハートランド・アベイ。背後の高い森の上に 54 の塔。

図 54　ハートランド、聖ネクタン教会。

感じられてならなかった。

「イギリスそのとき」

当時の社会はスタックリーが狂死したという嘘を作り、その嘘によって社会が安定した。この事象は、本書にでてきた色々な事象と繋がっている。国王ジェイムズが処刑を後悔しているという話が生まれて、その作り話によって国王を崇拝する政治が温存された。ローリーを貶める真っ赤な嘘が、国家が関わった文書、『宣言』と『請願』のなかで唱えられて、国家の権威を保全しようとした。真実に蓋をして、当面の目的と利益を優先する意志と情念が、ジェイムズの宮廷には著しかった。本書の核となったローリーのスピーチでも同じだった。そのスピーチは、真実を正確誠実に述べたものではなく、目的と効果のために成した作品であった。役者が演じた芝居であった。スピーチをしたとき、もしスタックリーが先に死んでいれば、スタックリーはランディ島で狂死したと、ローリーの口が唱えかねなかった。実体と表象が乖離していた点で、ローリーのスピーチと狂死説とは通底していた。効果を求めてできた、人工の表象が幅をきかせていた。このような当時の政治の性質は、美術を含めた当時の社会の性質と、共通していたであろう。その性質が、バロックと呼べるか、マニエリスムと呼べるかは、本書がよく定めるところではないにしても。

表象が重んじられる社会の外に置き去られたのが、ランディ島で狂死はしなかったスタックリーと、スタックリーを保護した郷里であった。狂死説は、中央が地方の独立性、継続性を無視したところで成立した。ただしこの構造を、中央集権と地方分権の力の対立に属させるのは不適当である。スタックリーと郷里は権力を行使しなかった。二項対立にあてはめるのなら、都会と田舎、宮廷と田園という対立にあてはめられる。ただし、田園といっても、ルネッサンス期のイギリス文学で流行した「パストラル」のなかの田園ではない。「パストラル」のなかの田園は、宮廷を媒介した田園であり、状況が変れば、田園は捨てられて宮廷に戻った。すなわち宮廷と田園の間には可逆性があった。しかしながら、スタックリーの郷里にあった田園は、宮廷を媒介しない、それだけで独立していた、本当の田園であった。スタックリーの郷里は、宮廷と都会に傷つけられても、対抗することをしなかった。受けた傷は、黙々、営々とした時間の経過のなかで回復させていった。宮廷と田園の対立は、つきつめれば、人と神の対立に帰結する。狂死説を唱えた社会は、神の摂理をいっていながら、作り話によって実は自己を充足させた。狂死説を唱えたのは人間の営みであった。他方、スタックリー家と郷里は、耐え忍ぶことによって、意識していたかどうかは別にして、神の恩恵に浴したと感ぜられる。スタックリー家を見守る教会の美塔が、神様のお心の姿であるように感ぜられると筆者が書いたのは、そのことであった。

翻って、狂死説は、当時の宗教意識、宗教にあった空気が、作り上げたものでもあった。当時は赦す神よりも裁く神、福音の神よりも律法の神が、強く意識された。悪い王は必ず神に罰せられると繰り返した、ローリーの『世界の歴史』が版を重ねた。字が読める人々の数は限られていたが、街で読まれたバラッドと小冊子チャップブックは、悪者必罰と地獄のことをよく書いた。他方、宮廷の空気をも民衆の空気をも、共に反映しやすかった演劇に、そのような空気が認められた。シェイクスピアの『ヴェニスの商人』で、赦しと慈悲を説いたポーシャだったが、慈悲をシャイロックを裁くのをむしろ目的にした。やはり赦しを説いたシェイクスピア作『あらし』の、主人公の魔術師プロスペロゥは、赦しを宣言したとき、苛立って絶望していた。裁きの神のほうに向く、当時の空気のなかで、狂死説は作られ、喜ばれたのであった。(50)

実現させたのは、高利貸シャイロックを過酷に裁くという方法によった。芝居の組み立ては、シ

にもかかわらず、スタックリーはランディ島で狂死したのではなかった。この真実は、虚像を造って人を裁いていた当時の社会の姿を顕現する。この真実によって、社会のその姿が一層鮮明になる。

スタックリーはランディ島で狂死したのではなかった。

（1）本書二四四頁を参照。

(2) ‘Chamberlain to Carleton’, *CSPD, 1619–23*, 2.
(3) ‘G. Gerrard to Carleton’, *CSPD, 1619–23*, 2.
(4) 本書二二八、二二五頁。
(5) ‘Mr. Thomas Lorkin to Sir Thomas Puckering, Bart’, Brushfield, 111. また、本書二二五頁を参照。
(6) ‘Lorkin to Puckering’, Brushfield, 111.
(7) ‘Sir Thomas Wynn to Carleton’, *CSPD, 1619–23*, 8.
(8) ‘Lorkin to Puckering’, Brushfield, 111.
(9) W. G. Hoskins, *Devon* (Collins, 1954; new ed. Phillimore & Co.Ltd, 2003), 104, 200.
(10) R. B. M., ‘A Private Mint’, *Devon & Cornwall Notes & Queries*, vol. xviii, pt. iii, July 1934.
(11) ‘Mints at Lundy Island and Combe Martin’, *Devon & Cornwall Notes & Queries*, N. D., 210: A. and M. Langham, *Lundy* (David & Charles, 1970), 119.
(12) Stebbing, 387–388.
(13) Thomas Birch, *Court and Times of James I* (1849, repr. AMS, 1973), vol. i, 140.
(14) Gardiner, *History*, iii, 154.
(15) Stebbing, 388.
(16) Gardiner, iii, 155.
(17) *CSPD, 1619–23*, Jan. 28, 8.
(18) Gardiner, iii, 154–155.
(19) Quoted in Oldys, 541.
(20) Joseph Jacob (ed.), *The Familiar Letters of James Howell, Historiographer Royal to Charles II*, 10th ed. of 1737

(David Nutt, 1890), 483.

(21) *Familiar Letters*, 480, l.15.

(22) *Familiar Letters*, 481.

(23) ランディの名前は、パフィンの呼び名 lundi に島を表わす ly が付いてできた。パフィンはかつては多かったが、今は少なくなった。昔から、スカンディナビア出の海賊たちが活動の巣にした。島の歴史については注(28)にあげた書物、島の概略については、デボンについての各案内書、例えば、Hoskins, 425–426.

(24) A. L. Rowse, *Sir Richard Grenville of the 'Revenge'* (Jonathan Cape, 1937), 16.

(25) A. and M. Langham, *Lundy*, 146.

(26) Myrtle Ternstrom, *The Castle of the Island of Lundy, 750 years 1244–1994* (private edition, 1994), 7.

(27) Rowse, 232.

(28) 島の歴史については、John Roberts Chanter, *Lundy Island: A Monograph, Descriptive and Historical: with Notices of its Distinguishing Features in Natural History* (Cassell, Petter and Galpin, 1887; repr. Westwell Publishing, 1997); A. and M. Langham, *Lundy*; Joan Rendell, *Lundy Island* (Bossiney Books, 1979); Myrtle Langham, *A Lundy Album* (The Heaven Family Crest, 1980); Myrtle Ternstrom, *Castle*.

(29) *CSPD*, 1600. 1. 18; 1608. 9. 5; 1610. 3. 20; 1610. 4. 17; 1610. 8. 17.

(30) *CSPD*, 1625. 8. 18; 1625. 8. 25; 1628. 4. 25; 1628. 5. 2; 1630. 6. 30.

(31) Richard Coates, 'A north-west Devon anomaly: Hartland', *Journal and Annal Report of the English Place Name Society*, no. 31 (1998–1999).

(32) 'Lundy high, it will be dry, / Lundy low, it will be snow, / Lundy plain, it will be rain, / Lundy in haze, fine for days.' —A. and M. Langham, 14.

（33）Myrtle Ternstrom, *Castle*, 7.

（34）A. & M. Langham, Appendix E, 'History of Population', 148–49.

（35）一七五二年に島を訪れた人々が後に寄せた報告による。A. & M. Langham, Appendix D, 'Two Accounts of Lundy in the Eighteenth Century', 150–151.

（36）Chanter, 114, 115.

（37）Chanter, 118.

（38）John Stucley, *Affeton Castle, a Lost Devon Village* (London, 1967); John Stucley, *A History of the Stucley Family between 1065–1765*, unpublished MS, 1960, North Devon Record Office Barnstaple; Rev. J. R. P. Powell, *The History of the Stucley Family*, unpublished MS, N. D., North Devon Record Office.

（39）John Stucley, *Affeton Castle*, 13–16.

（40）John Stucley, *Affeton Castle*, 15.

（41）Youings, *Ralegh's Country*, 20–23.

（42）Neale, *Elizabeth I and Her Parliament 1584–1601*, 343, quoted in Wallace, 180.

（43）Youings, *Ralegh's Country*, 20.

（44）John Stucley, *History*, 84.

（45）*The Visitations of the County of Devon, comprising the Herald's Visitations of 1531, 1564 & 1620 with Addition by Lieutenant-Colonel J. L. Vivian for the Author by Henry & Eland* (Exeter 1895), 722.

（46）John Stucley, *Affeton Castle*, 18.

（47）John Stucley, *History*, 84.

（48）この一種の墓荒しについては、「ステンドグラスのなかのキーミス家の紋章の下に、ロレンス・キーミスの名前とモットーがあったはずだが、ダイアモンドで多分意図的に削り取られている（erased）」（John Hutchins, *The History and Antiquities of the County of Dorset*, 3rd edition (1861–70), vol. iv, 247–248）。削り取られたという部分は、ハチィンズが描いた紋章等の略図（同書二八九頁）によると、紋章の下部と西暦年の間だったらしいが、現在は、その下部と西暦年が補修されている形跡がある。西暦年につけられた傷は、ハチィンズが見たときより後につけられたのであろう。

(49)　他方、サー・ルイスの家系に、精神を病んだ人々がいたかどうかは分らない。サー・ルイスとは別のルイス・スタックリー尊師の、一七四二年に逝去した長男が、生涯独身でエクセントリックであった。その尊師の甥が、アフェトン・バートンで幽霊を見ていたが、多分アルコール中毒のせいとされた――（ジョン・スタックリー『アフェトン城』二〇頁）。

(50)　律法主義でなく福音主義がイギリスの教会史に登場するのは一八世紀であった。すなわち、ジョン・ウェスレィ（一七〇三―九一）とジョージ・ホイットフィールド（一七一四―七〇）らによるメソジスト派の運動であった。ただし教会史と社会の風潮とは必ずしも一致しない。

あとがき

映画「エリザベス　ゴールデン・エイジ」で大活躍しているローリーと、本書のなかにいるローリーとは、大いに異なっている。映画のなかのローリーは、説明は省くが、映画を面白くするためのローリーであった。本書のローリーは、あのような英雄にはなっていない。本国でも、ローリーを知っている人々にとって、ローリーはあのような英雄ではない。日本ではといえば、英雄ではないローリーが知られてゆくのは、これからというところである。

本書は広い層の読者に向けられているので、研究者には必要な「文献一覧」を載せていない。その代りに、ローリーを理解する一助になるであろうと、ローリー研究史の骨子を、ここに付記しておくことにした。

本国のローリー研究が頂点を迎えたのは、一九〇〇年を前後する二、三〇年であった。早くも頂点を迎えた、というべきである。なぜこの時期に頂点を迎えたかは、後にとりあげるとして、まず様態だけを先にとりあげておくと、記述が一次資料に基づいていたことと、一次資料を収めていたことが、頂点を造った著作に共通していた。本書が拠った一次資料の多くは、更に早かったオルディス（一八二九）は別にして、すべてこの時期に成った著作に収められている。エドワーズ（一八六八）の、ステビング（一八九一）の、ブラッシュフィールド（一九〇七）の、ハーロゥ（一九三二）の、著作のことである。これらの著作のどれを欠いても、本書は成らなかった。ローリー研究全般についても、これらの著作は欠かせない。

ただし、これらの著作は、刊行後ほぼ一世紀を経たので、それらの著作が収めている一次資料が、人目に触れにくくなってしまった。ローリーの演説や、政府が出した『宣言』など、これらの一次資料は、ただローリー研究のうえで必須というものではなく、時代を知るうえで第一級の資料である。これらの古典を紹介解説するのが、本書の目的の一つであった。

頂点を迎えた後のローリー研究は、いくつかの新しい資料が発見される毎に、少しずつ更新されてきた。演説を正確に記録しているテキストを、本書が確定できたのも、「エルムズの記録」とハリオットのメモとが、発見されたからであった。本書ではとりあげられなかったが、妻ベスの兄アーサーの日記が発見されて、秘密結婚の内側が明らかになった。ロバート・セシルの館だったハットフィールド・ハウスから、『シンシア』など詩作品の、自筆の原稿が発見されたこともあった。さらには、スペインの博物館収蔵のスペイン政府の文書が、イギリス政府によって検べられて、ギアナ遠征の実体が分った。きっちりしておくと、この発見は前出のハーロゥに益したもので、ハーロゥは頂点を造った人としてだけでなく、新しい発見に促された人としても、位置づけられる。新しく出てきたもう一つの資料として、アイルランドにいたコーク伯リチャード・ボイルの日記があるが、ただしこれは未精査のままになっている。新しい資料が次々にでてくるのは、もともと資料が多かったからである。ローリーはとに角話題にあがった有名人だった。

ローリー研究が更新されたのは、新しい資料の発見によっただけではなかった。必ずしも多くはないが、頂点を造った著作を、更新する著作が生まれた。たとえば、かつてエクセターを中心に活躍した、前出のブラッシュフィールドは、ローリーの背景として、イングランド西南部を自ずからとりあげたが、この視点をその後に固めたのが、エクセター在の二〇世紀の碩学、ジョイス・ユーイングスであった。また、詩作品をはじめて校訂しただけでなく、前出のエドワーズが集めた書簡集を、再校訂し施注を加えて、更新を果したのが、二〇世紀のもう一人の碩学、アグネス・レイサムであった。老年に達したこの学者を、前出のユーイングスが助けて、二〇世紀ローリー研究の金字塔というべき、新しい書簡集が成った（一九九九）。西南部コンワル出身の歴史学者、ラウスの名前も、あげておかなければならない。ラウスの研究を含めて、新しい、研究らしい研究はすべて、ローリーについての俗説を無視して、実事求是を実行し、実像を現わしたのであった。

以上のような研究史の展開は、大英帝国の盛衰と平行していた。一九〇〇年を前後した研究史の頂点は、大英帝国の頂点とほぼ一致していた。ローリーを国家に隆盛をもたらせた祖の一人と見たからであった。ローリー贔屓だった前出のエドワーズとステビングに、国粋主義の傾向が強かった。研究史の頂点の直前にいたションバークに、その傾向は最も強かった。しかし、二〇世紀の研究に至ると、大英帝国の衰亡とともに、諸研究全体の学術化とあいまって、その傾向もまた、衰亡していった。といっても、研究にも色々なレヴェルと性格があり、二〇世紀の研究といえども、ことに目に見えないところで、愛国心との結びつきは根絶しなかったと見られる。総じていえば、国粋主義との結びつき方が、ローリー研究史を辿るときの重要なポイントである。

次に、研究史とも関連するので、本書の内容について、ここに付記させていただく。古い時代に対する研究とはそういうものだが、ことに過去に研究の蓄積が多いローリーを研究するには、今の研究者の作業の殆どが、先人の業績を吸収することに費やされる。今日の日本では、本国に向って新しいことを発信するのが当り前のようになったが、ローリー研究では、本国の学者と同じ土俵に立って、日本人がはたして、思いつきではない新しいことをいえるかどうか、はなはだ疑問である。二〇世紀の学者に限っても、先述のレイサムとユーイングスは、学者としての殆ど全生涯を、ローリー研究に費やした。このようにいうと、本書は、スタックリーが孤島で狂死したという通説に、異を唱えているではないかと、問われる人がおられるであろう。異を唱えられたのは、土俵が違っていたからだと思われる。この通説が永年疑われなかったのは、イギリスらしい特殊な事情によった。悪者必罰を殊更に喜んだ、その頃の強い心情を、ローリー信者が多かった伝記作家が、永年引き継いだのだった。より冷静な研究者も、俗説であることに気がつかなかった。ローリーを英雄だと見たがる国民性が、それほどに強かったからだと受けとらざるをえない。スタックリーを血祭りにあげ続けた、人権に関わる粗暴に対して、筆者がいささか本気になれたのは、筆者が日本人だったからであろう。本国の先人に学ぶばかりだった筆者に、外国人だから気がついたのであろう事柄が、たまたま残されていた。

次の図書館を利用させていただいて本書は成った。ケンブリッジ大学ユニヴァーシティ・ライブラリ。デボン文書館（エクセター在）。北デボン文書館（バンスタプル在）。京都大学付属図書館。関西大学図書館。

ポール・ハイランド著『ローリーの最後の旅』、この好著に案内されて、「最後の旅」を、ローリーのように馬にこそ乗れなかったが、まず正確に再現しながら、辿ることができた。同書は注で言及してあるが、ここで改めて、著者への感謝を記しておきたい。次に、ランディ島について調べる糸口をつけてくださった、ハロルド・バガスト（Harold Bagust）さんとマートル・ターンストローム（Myrtle Ternstrom）さん。念のためにとこの島を調べてゆくうちに、思わぬ展開になっただけに、お二方のご親切が身に沁みている。さらに、筆者の調査全般にいつも協力してくださる、元京都大学外国人教師および元ICU教授ロウジァ・マシューズ（Roger Matthews）さんにも、また、関西大学名誉教授上村哲彦さんにも、今回もお礼を申しあげる。

活躍がめざましい小岸昭さんの、主著『マラーノの系譜』は、みすず書房の刊である。私の本のことで、この戦友の世話になったのが嬉しい。お互いは元の職場で、多少の苦労を共にしたことがあった。学生時代に遡る折々のこと、同じ学統を共に喜んだことなどが、懐しく思いだされる。

最後になったが、みすず書房編集部長、守田省吾さんへの、謝意と敬意を特記する。さらに、同書房の辻井忠男、浜田優さんにも、それぞれの段階で、たいへんお世話になりました。

平成二〇年夏

櫻井正一郎

索　引

ア行

アストレイ、キャサリン Astrey, Katherine　28
アゾレス諸島 Azores　39, 40, 42
アッシュ・ハウス Ashe House 80, 111
アッシュバートン Ashburton 72, 73, 78
アビントン、エドワード Abbington, Edward　169
アフェトン村 Affeton 220–222, 238–241, 244, 250
アプスリ、アレン Apsley, Allen 115, 116
アランデル Arundel[1]
　ジョン John　29
　トマス Thomas　31, 81, 146, 152, 159, 173, 174, 188
アルマダ Armada　41, 49
アンドゥヴァ Andover　100
イェティントン Yettington　22
イェルヴァトン（法務長官） Yelverton, Henry　120, 123, 126
イースト・バドリー East Budleigh 22
ヴァージニア Virginia 植民　第一次　44　第二次　45
ヴィクトリア Victorian 朝　188
ヴィリアーズ、ジョージ（バッキンガム公） Villiers, George (Duke of Buckingham)　20, 70, 88, 99, 124
ウィルソン、トマス Wilson, Thomas　69, 111, 116, 117, 126, 129, 223
ウィンウッド（官房長） Winwood　122
ウェスト・ウォリントン West Worlington　220, 238, 239, 241, 244–246, 250
ウッドベリー Woodbury　24
ウリッジ Woolwich　105
エクセター Exeter　22, 30, 31, 73, 78, 216, 262
エセックス Essex 伯　42, 137, 138, 153, 172, 208
エドワード Edwardian 朝　188
エドワーズ、エドワード Edwards, Edward　93, 188, 261, 263
エリオット、ジョン Eliot, John 163, 178
エリザベス（ベス） Elizabeth (Bess)　→ローリー、サー・ウォルター
エリザベス女王 Elizabeth, Queen 15, 39, 41, 42, 44, 52, 93, 197
「エリザベス、ゴールデンエイジ」（映画） *Elizabeth the Golden Age* 11, 260

エリザベス Elizabethan 朝　43, 174, 188, 233
「エルムズの記録」Elm's Document　144, 161, 162, 261
オーブリー、ジョン Aubrey, John　189

カ行

カー、ロバート Carr, Robert　20, 88, 115
ガードナー、サミュエル Gardiner, Samuel　163, 165, 182, 220, 224, 238
海軍提督 Lord Admiral　64, 202
　副提督 Vice-Admiral　64, 202
　副提督代理 Deputy Vice-Admiral　17, 64, 71, 73
カディス Cadiz　40−42, 118
「神の母号」*Madre de Dios*　39, 40
カルー（家）Carew　28
　ジョージ George　28, 81
　ジョン John　93
カルー、アーサー Arthur　→スロックモートン、アーサー
カルー（ローリーの兄）　→ローリー、サー・ウォルター
カルー（ローリーの次男）　→ローリー、サー・ウォルター
キーミス、ロレンス Keymis, Laurence　50, 62, 70, 95, 121, 151, 246, 258
　ギアナ行　17, 36, 61, 62, 80, 102, 114, 121, 151, 173, 191, 192, 196
ギアナ Guiana 植民　48−51
『ギアナの発見』　→ローリー、サー・ウォルター
キャムデン、ウィリアム Camden, William　169, 224, 248
「強制借用金」Forced Loan　178
ギルバート（家）Guilbert　28
　ジョン John　28
　ハンフリー Humphrey　15, 28, 29, 37, 44
　エイドリアン Adrian　20, 28, 135
キング、サミュエル King, Samuel　68, 69, 72, 76, 78, 81, 91, 97, 98, 102, 103, 107, 109, 195
キンセイル Kinsale　63, 109
グリーンブラット Greenblatt, Stephen　164−167, 182
クリストヴァル Christoval　72
グリニッジ Greenwich　105, 106
クリフトン・ハウス Clifton House　83, 111
グレイブズンド Gravesend　97
グレンヴィル Grenville
　ベヴィル Bevill　236
　リチャード Richard　18, 29, 39, 40, 44, 54, 55, 65, 201, 232, 236
グロテスク　189, 190
クロムウェル、オリヴァ Cromwell, Oliver　180
「権利の請願」Petition of Right

178
ゴージズ、アーサー Gorges, Arthur　28
ゴージズ、ファーディナンド（プリマス市長）Gorges, Ferdinand　75
コートニイ、ウィリアム Courtney, William　54
コヴェントリ、トマス（法務長官）Coventry, Thomas　120
コウク、エドワード Coke, Edward　126, 214
コトレル Cottrell　98, 107
ゴドルフィン、フランシス Godolphine, Francis　18
コラトン・ローリー村 Colaton Raleigh　19, 24
ゴンドマ（駐英ス大使）Gondomar　82, 118, 119, 185
コンワル Cormwall　17, 19, 52, 57, 152, 197, 232

サ行

サイン、フランシス Thynne, Francis　135, 136
サヴェッジ、ジョン Savage, John　169
サウス・モルトン South Molton　220, 244–248
サトン・プール Sutton Pool　63, 66
サマセット Somerset　18, 19
サンクロフト Sancroft 手稿　143, 145, 159, 185
サンダースン、ウィリアム Sanderson, William　27
サン・トメ村 San Thomè　70, 71, 75, 121, 192
シェイクスピア Shakespeare 劇　アントニー Antony の演説　156　シャイロック Shylock の裁き　255　イアーゴゥ Iago の弁舌　156, 174, 249　プロスペロゥ Prospero の苛立ち　255　ヘンリーHenry V 世の演説　156　リア Lear の彷徨　237
ジェイムズ James I 世　82, 85, 88, 92, 96, 98, 116, 171, 175
　神性、性格　13, 187, 188, 190
　愛友たち　20　皇太子の結婚話　61, 62, 119, 185　『世界の歴史』56, 57　ギアナ　191, 206　王の術策　197
　対ローリー　57, 70, 96, 188, 189, 195–198
　対スタックリー　219, 228
ジェイムズⅡ世　177
ジェイムズタウン Jamestown　46
ジェイムズ朝　13, 43, 84, 174, 233
ジェントリー Gentry　24, 27–29, 200
「ジェントルマン・マガジン」*Gentleman Magazine*　199
「自己成型」'Self-Fashioning'（演技）123, 165, 166, 205
シドニー、フィリップ Sidney, Philip　51, 181

ジャージー島 Jersey　43, 57
シャーボン Sherborne　19, 20, 83−89, 108, 129　シャーボン寺院　246, 247　シャーボン邸　84, 85
シャンパナウン（家）Champernoune　28
　サー・アーサー　55
ションバーク、ロバート Shomburgk, Robert　263
私掠活動 privateering
　父親の　27, 37
　ローリーの　28, 37, 40
　ハンフリー・ギルバートの　29, 37
　リチャード・グレンヴィルの　29, 38
枢密院 Privy Council　14, 42, 43, 80, 120, 126
錫鉱山（スタナリー Stannery）17, 66
スタックリー、ルイス Stucley, Lewis　64, 69, 72, 73, 77, 91, 100, 104, 105, 122, 129, 149, 158, 174, 198, 199, 202−204, 213−255　略伝　200, 201, 220−222　サー・ユダ Sir Judas　201　家系　238−240　『弁明』*Apology*　203−205　『請願』*Petition*　205−209　偽コイン造り　213−217　長男ジョン John　215　次男ヒュー Hugh　214, 217　狂死　220−229, 238, 253−255, 263, 264　帰郷　241−244　埋葬　244−248
　サー・ジョン Sir John　244, 245
　サー・ヒューSir Hugh　251
　ジョン John　29
　トマス Thomas（Lusty Stucley）200, 201
スタブス、ジョン Stubbes, John　169, 175
スチュアート Stuart 朝　20, 57, 68, 170, 197
ステビング、ウィリアム Stebbing, William　186, 187, 195, 202, 218, 220, 224, 227, 238, 243, 261, 263
スネドル家 Snedall　27
スネル、チャールズ Snell, Charles　72
スペコット、ハンフリーSpeccot, Humphrey　54
スペンサー、エドマンド Spenser, Edmund　229, 230, 232
スロックモートン（家）Throckmorton　51
　アーサーArthur（ベスの兄）206, 261
西南部（イングランド）　22−31, 54−56, 240, 262
聖バーソロミューの大虐殺　55
セシル、ロバート Cecil, Robert　20, 117　親子 54
『宣言』*Declaration*　77, 92, 120, 190−198, 207, 209, 261
セントジョン、ウィリアム St John, William　99, 100

ソールズベリーSalisbury　82-99, 108

タ行

「大諫議書」Great Remonstrance　178
ダートマス Dartmouth　38, 40, 45, 75
ダートムア Dartmoor　17
ダラム・ハウス Darham House　15, 92
チャールズ Charles I 世　110, 176
チャールズ Charles II 世　227
チューダー Tudor 朝　20, 68, 170
ディグビィ、ジョン Digby, John　20, 87, 88
ディズレーリィ D'Israeli, Isaac　199
ティルベリー Tilbury　99, 105
デボン Devon　14, 17, 18, 27, 52, 64, 152, 216, 217, 230, 234, 240, 241
ドーセット Dorset　19, 20, 27, 28, 52, 83
トーンサン、ロバート Taunson, Robert　136-139, 171
統監 Lord Lieutenant　17　副統監 Vice-Lieutenant　17
トトニス Totnes　216
トリル・ハウス Trill House　80
ドレイク（家）Drake　27, 78
　フランシス Francis　27, 40, 41, 44, 66, 94
　ジョン John　29
　バナード Bernard　78-80
トレヴェリアン Trevelyan、G. M. 176, 177, 186
トンプソン、エドワード Thompson, Edward　57

ナ行

ニューファウンドランド Newfoundland　38, 44, 45
ノーントン（官房長）Naunton 81, 117, 119, 155, 185, 191, 214
ノッティンガム（海軍提督）Nottingham　82, 202
ノリス、ジョン Norris, John 94

ハ行

バーチ、トマス Birch, Thomas 219
ハーディング（ハーデン）、トマス Harding (Hardwen), Thomas 64, 73, 75
ハート Hart　104, 105, 107
ハートフォード・ブリッジ Hartford Bridge　100
ハートランド Hartland　234
ハートランド・アベイ Hartland Abbey　251, 252
ハーバート、ウィリアム Herbert, William　72, 75, 99, 104, 105, 130, 131
パーフリート Purfleet　105
ハーロゥHarlow, V. T.　49, 261, 262

ハイランド、ポール Hyland, Paul 『ローリーの最後の旅』 109, 112, 113, 264
パイン、ヘンリー Pynne, Henry 129, 130
ハウェル、ジェイムズ Howell, James 225–228, 237
バウチャ、ウィリアム Bourchier, William 18
バグショット Bagshot 100
ハクルート、リチャード Hakluyt, Richard 36
「白鹿亭」 White Hart Inn 91, 194
パジィト Paget, Eusebius 神父 55
ハトン Hatton 卿 15
「バビントン陰謀事件」 Babington Conspiracy 169
ハムデン、ジョン Hampden, John 178, 179
バラード、ジョン Ballard, John 169
パラム、エドワード Parham, Edward 85, 89, 151, 159, 194
ハリオット、トマス Hariot, Thomas 50, 55, 56, 144, 261
ハリス、クリストファー Harris, Christopher 54, 65–67
バンスタプル Barnstaple 18, 216, 230
ビア、アナ Beer, Anna 『ベス、ローリーの妻』 51, 59 『サー・ウォルター・ローリーと17世紀の読者』 179
ピム、ジョン Pym, John 179
「ピューリタン革命」 Puritan Revolution 176, 178
フーコー、ミシェル Foucault, Michel 138, 168, 173
ブッシェル、トマス Bushelle, Thomas 237
ブラッシュフィールド Brushfield, T. N. 188, 196, 207, 261
プリマス Plymouth 38, 45, 61–78, 108
ブルック、ヘンリー（コバム） Brooke, Henry（Cobham） 222, 223
ブレントフォード Brentford 102
フロビッシャー、マーティン Frobisher, Martin 29
ベイコン、フランシス Bacon, Francis 191, 196
ヘイズ・バートン Hayes Barton 22, 58
ペニングトン、ジョン Pennington, John 72
ベッカー（駐仏英大使） Becher, William 103
ヘンリー皇太子 Henry, Prince 57
ホーキンズ、ジョン Howkins, John 40, 94
ホージィ、ジョン Horsey, John 83
ポインティントン・ハウス Poyntington House 85, 194
ボイル、リチャード Boyle,

Richard 48, 63, 130, 262
ホワイト、ジョン White, John 45
「本・副陰謀事件」Main and Bye Plot 36, 56, 120, 223

マ行

マウント・ドレイク Mount Drake 80
マズベリーMusbury 27, 78, 89
マヌーリ Manoury, Guillaume 69, 77, 84, 91, 92, 97, 98, 101, 158, 192, 193, 197, 198, 216–218, 223
マノア（黄金都市）Manoa 49, 115
マリスコ、ウィリアム Marisco, William 233, 237
マンスター Munster 植民 36, 46–48
ミシァル Mitchell 52
「三つの決議文」Three Resolutions 178
ミルトン、ジョン Milton, John 180
無神論者 Atheist 56
メア、ジョン Meer, John 87, 88, 129
メアリ女王 Mary, Queen of Scotland 169
「名誉革命」Glorious Revolution 177
モア、トマス More, Thomas 166
モウアン、ウィリアム Mohum, William 18, 54
「モルのコーヒー・ハウス」Mol's Coffee House 29
モンタグ、ヘンリー（最高法官）Montagu, Henry 124, 126, 141

ヤ行

ユーイングズ、ジョイス Youings, Joyce 241, 262, 263
夜の一党 The School of Night 56

ラ行

ラ・シェネイ La Chenee 102–104, 118
ライドフォード Lydford 216, 217
ラウス Rowse, A. L. 56, 262
ラッセル、ジョン（ベドフォード伯）Russell, John（Earl of Bedford） 54
ラドフォード・ハウス Radford House 65–67, 72, 76
ランディ島 Lundy 213, 222, 224, 225, 228–238, 243, 248, 251, 253–255, 264
律法の神（律法主義） 57, 255
ル・クレール Le Clerc 102, 103, 118
レイサム、アグネス Latham, Agnes 15, 58, 262, 263
レイン、ラルフ Lane, Ralph 44
レスター伯 Leicester, Earl of

15, 51
ロビン Robin　72, 104, 116, 193
ロヨラ、イグナティウス Loyola, Ignatius　166
ローリー、サー・ウォルター Ralegh (Raleigh), Sir Walter
→「序章」の小見出し
ウォルター Walter（父）　24-28, 37　ジョアン Joan Drake（義母）　27　イサベル Isabel Dorrell（義母）　27　キャサリン Katherine Champernoune（母）　28　カルー Carew（兄）　28, 91, 112, 135　マーガレット Margaret（妹）　28　エリザベス（ベス）Bess Throckmorton（妻）　51-53, 65, 68, 83, 91, 103, 110, 116, 129-131, 137　ウォルター Walter（長男）　62, 65　カルー Carew（次男）　65, 68, 72, 110, 225, 226　『書簡集』 *Letters*　131, 262　『シンシア』 *Cynthia*　52, 161, 261
『リヴェンジ号の最後の決戦』 *The Last Fight of the Revenge*　39　『ギアナの発見』 *The Discovery of the Large, Rich and Beautiful Empire of Guiana*　36, 49　『ギアナへの航海について』 *Of the Voyage to Guiana*　50　『世界の歴史』 *The History of the World*　56, 94, 179
『大臣と治安判事の対話』 *A Dialogue between a Counselor of State and a Justice of Peace*　178, 179　『息子と子孫への訓戒』 *Instructions to His Son and to Posterity*　179　『内閣の助言』 *Cabinet Council*　180
『弁明』 *Apology*　92, 94-98, 123, 179　『第一の遺言覚書』 *The First Testamentary Note*　74, 128-131, 135, 138　『第二の遺言覚書』 *The Second Testamentary Note*　128, 138, 189　「辞世の歌」　132-135
「断首台のスピーチ」 *Speech from the Scaffold*　12, 96, 123, 127, 131, 146-155, 261　『サー・ウォルター・ローリーの幽霊、またはイングランドへの警告者』 *Sir Walter Raleigh's Ghost, or England's Forewarner* (a booklet by Scott)　186
研究史　260-264

図版リスト

（画家／所蔵または出典、†は地図）
（写真と地図は筆者による）

著者略歴

（さくらい・しょういちろう）

1936年に生まれる．京都大学卒業，同大学大学院博士課程中退．元，同大学総合人間学部および大学院人間・環境学研究科教授．同研究科でルネッサンス部門に所属，ローリーは91年から教えた．現，同大学名誉教授．著書『サー・ウォルター・ローリー――黄金と植民』（人文書院），『イギリスに捧げた歌――フィリップ・ラーキンを読む』（臨川書店），『写真と文によるロンドン文学案内』（大阪教育図書）ほか．編著 *The View from Kyoto: Essays on Twentieth-Century Poetry*（臨川書店）．共著『シェイクスピアの「恋人の嘆き」とその周辺』（英宝社），『新版イェイツ名詩評釈』，『オーデン名詩評釈』（共に大阪教育図書）ほか．

櫻井正一郎

最後のウォルター・ローリー

イギリスそのとき

2008年10月10日　印刷
2008年10月23日　発行

発行所　株式会社 みすず書房
〒113-0033 東京都文京区本郷5丁目32-21
電話 03-3814-0131（営業） 03-3815-9181（編集）
http://www.msz.co.jp

本文印刷所 シナノ
扉・表紙・カバー印刷所 栗田印刷
製本所 誠製本

ISBN 978-4-622-07419-9
［さいごのウォルターローリー］
落丁・乱丁本はお取替えいたします